南通市档案馆
张謇研究中心 编著

父爱如山

清末状元张謇写给儿子的信

江苏人民出版社

《父爱如山：清末状元张謇写给儿子的信》

编委会

主　任：张小平

副主任：曹　斌　尤世玮　许建华

委　员：（以姓氏笔画为序）

朱　江　朱　慧　张廷栖　陈春华

赵　鹏　曹炳生　黄鹤群　戴致君

编辑人员

主　　编：朱　江

副 主 编：曹炳生　戴致君

执行主编：朱　慧

执行副主编：陈春华

前言

南通市档案馆保管有清末状元、实业家、教育家、社会活动家张謇（1853—1926）写给儿子张孝若（1898—1935）的125封信，写信时间大致为1909年至1916年。张孝若曾将这些信精心修裱成册，题名为《父训》。张孝若将《父训》分为三个部分，每一部分前分别书写“父训卷一”“父训卷二时旅青岛大学”和“父训卷三时父任国务员旅京师”，各有48、30和47封信。

张孝若在《南通张季直先生传记》中讲到：“我有好几回离开我父，出外游学游历有事，少则三二月，多则一两年，我父总有家信给我：问我求学、身体情形；告诉我国事家事怎样；教我要注重农事；诫我勿热中好名。”张謇在不同时期给张孝若写了多少家书，已无法确切考证，但留存下来的也不少。《父训》除了进行修裱外，上下各有樟木板作保护，并单独保存，足见这部分家书在张孝若心中的分量。

张謇出生于江苏海门常乐镇，作为一位农家子弟，历经千般苦读，万般磨砺，终于在1894年高中状元，达到了一位读书人所能抵达的人生巅峰。然而让张謇由杰出人士演变为伟大人物的原因，不是他继续沿着仕途走下去，而是他开辟了一条前人未曾探索过的现代化的道路。在张謇的心目中，教育是启迪民智、富强国家的基础。1920年，张謇在《谢参观南通者之启事》中提及“举事必先智，启民智必由教育，而教育非空言所能达，乃先实业。实业、教育既相资有成，乃及慈善，乃及公益”。这是张謇实业、教育迭相为用，父教育、母实业思想的具体阐述。以1895年创办大生纱厂为起点，张謇在南通兴办实业、教育和慈善，将他的现代化理念在南通这个当年籍籍无名的县系统地实施，使南通县一度领风气之先，蜚声于全国，也造福了一方百姓。章开沅认为：“在中国近代史上，我们很难发现另外一个人在另外一个县办成这么多事业，产生这么深远的影响。”

作为教育家的张謇，在南通系统地兴办了普及教育、师范教育、实业教育、高等教育。张謇还与震旦学院、复旦公学、吴淞商船学校、中国公学、南京高等师范学校、国立东南大学等学校的创立或发展联系在一起。在为南通县内外的教育事业奔走呼号时，他对自己唯一的儿子的家庭教育倾注了心血。1885年张謇参加顺天乡试时，还没有生子，但是卷子上需填三代名字，张謇的父亲就叫他在子名下填“怡祖”二字，13年后张怡祖才出生，1913年张怡祖去青岛读书前夕，张謇为儿子取字孝若。望子成龙是为人父母的心愿，中年得子的张謇对儿子的期盼里，还含有希望张孝若子承父业、挑起大梁的核心内涵。“父今日之为，皆儿之基业也。”“居今之世，若无学问、常识、声望，如何能见重于人，如何能治事，如何能代父？故不得不使儿阅历辛苦，养成人格，然后归而从事于实业、教育二途，以承父之志，此父之苦心也”。（见《父训》，下文引文如出《父训》不再标注。）

张謇对儿子的培养是有明确的路径的。1904年，张謇在常乐镇家中设立家塾，聘请日本女教习教授体操、算术、音乐、图画，兼习幼稚游戏之事；延本国教习教授修身、国文之事。张孝若开始上学。张謇拟制的《扶海垞家塾章程》提到："谋体育、德育、智育之本，基于蒙养，而尤在就儿童所已知，振起其受教育之兴味，使之易晓而直觉。""自儿娘娘去世，父在外无日不念及儿之学问、德行、体气。"从中看出，张謇对儿子的教育，是希望在体育、德育、智育三方面并进的。1905年9月，通州师范学校附属小学校试办，张孝若成为第一批学生。在小学阶段接受系统的教育后，1913年2月，张孝若赴中德合办的青岛特别高等专门学堂就读，6月回南通，9月改学于上海的震旦学院。在这个阶段，张謇希望张孝若能学好英语，为日后的留学作准备，留学的目的地是欧美，学习的方向是实用技术。这符合张謇一直坚持的做事需要世界眼光的原则："凡百事业，均须有世界之眼光，而后可以择定一国之立足之地；有全国之眼光，而后可以谋一部分之发达。"（《致各省教育总会发起词》）这也与他教诲张孝若勿入仕途，注重于实业有关，"人非有农工商正业，必不能自立于世。" 1917年，张孝若赴美游学，据他1917年12月10日在《通海新报》刊登的启事，"插入矮容商业专门高等学校三年级，并日至纱厂实习管理法"，张孝若1918年回国。张孝若回国后先后担任南通淮海实业银行总经理、南通县自治会会长、大生第一纺织公司董事长等职。

1909年至1916年，张孝若从11岁长成18岁，是他养成人格、强健体格和汲取新知的关键期。这个阶段也是中国社会剧烈变革的时候，清帝退位，民国肇始。对于张謇来说，正处于他人生的另一个巅峰期，他在南通经营的各项事业渐入佳境，在国内政治舞台上也拥有一席之地，无论是推动立宪，还是南北议和，张謇都在其中发挥着独特的作用。在此期间，张謇出任北洋政府的农商总长，希望将自己的现代化实践在更大的范围内推广。尽管日理万机，张孝若始终是张謇的牵挂，“父在外终日不闲，一到晚间无客不办事时，便念我儿。”“年老远客，于骨肉之人记念尤切也。”张孝若的来信，“以儿所叙，能使父如在家庭，如行通海间村路也”，让张謇一解思念家乡和亲人之苦。

张謇通过家书传递的不单是对张孝若的牵挂，更多的是鞭策和激励。张孝若在《南通张季直先生传记》中饱含深情地回忆父亲“望我成立做人，比什么也殷切，导我于正，无微不至”。而其中的核心，是培养张孝若的爱国情怀。张謇身处中国积贫积弱之时，即所谓“不幸生当中国上下不接时代”（1923年《大生纱厂股东会宣言书》）。张謇走的是一条实业救国和教育救国的道路，他勉励张孝若“无子弟不可为家，无人才不可为国。努力学问，厚养志气，以待为国雪耻”。

张孝若的为人处世是张謇的关切点，张謇说“我仅一子，一坏即无后望。我老矣，不得不为久计也”，希望张孝若“自重自爱”，“养成一种高尚静远沉毅之风，不至堕入浮嚣浅薄诞妄之路”。力戒浮滑习气、待人坦怀相与、誉人不可过、对世事不轻发议论等等，都是张謇对张孝若的谆谆教诲。

对于学习，张謇勉励张孝若“须耐心向学，不必忧寂寞”。学习期的孩童不免偷懒，张謇告诫张孝若“儿能做者，须自己做，切勿习懒”，“勤学须有恒，不可或作或辍”。还要尊重老师，友爱同学：“对教师须温敬；对同学须谦谨”。张謇吩咐张孝若在学习之余，作适量的运动。

由于家书是至亲之间的内心交流，因此一些不便为人言的思想，在家书中能够流露。透过《父训》，能够感受张謇对时局的忧虑、对官场的厌倦以及对革命的无奈；能体味到张謇对大家庭成员的骨肉感情，与朋友的友谊；更能体会到作为一个农家子弟对土地深深的眷恋，“父顷在垦牧，觉得可爱之地，可为之地，中国无过于此者”“儿宜自勉于学，将来仍当致力于农，此是吾家世业”。

《父训》修裱后粘贴于A3大小的纸板上，对折后以活页保管。张孝若当年整理之时，应该是按照时间的先后排列的。但按目前南通市档案馆馆藏的现状，卷一内有数封家书为张謇在北洋政府任职期间形成，全部三卷家书的排列未尽然按时序放置。是否由于活页的原因，未能固定次序，导致日后保管、利用或者整理过程中改变了原有顺序，已不得而知。由于家书形成时间未能全部考证，所以本书按照目前所见的顺序扫描影印。

原件影印提供的信息量，远超整理后的文本。特别是《父训》这样珍贵的档案，通常深藏库房，不轻易示人。随着复制和印刷技术的提高，影印出版能够让读者有触摸原件的感觉。读者既可以阅读家书的内容，也可以欣赏张謇的书法。家书不是用于展示和出售的作品，其笔墨是张謇内心情感和书法功力的自然体现与流露。1962年江苏人民出版社曾经以影印方式，出版了《张謇日记》，这是中华人民共和国成立后张謇著作的首次公开出版。57年后，江苏人民出版社再次以影印方式，出版张謇写给儿子的家信。这既为研究张謇、研究近代史提供了史料，也为家庭教育提供了参考和启迪，同时也是对早年以慧眼出版《张謇日记》的前辈的致敬。

编者

2019年3月

目录

卷一

卷二

卷三

张謇与家人在南通濠南别业台阶上合影

左起：吴道愔、张佑祖、张非武、张襄祖、张謇、陈石云、张孝若

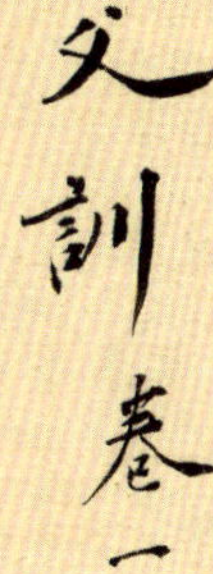

张孝若在通州师范学校附属小学校等时期收到的父训

父諭怡兒：汝今年是已升之甲班，須要用功。父已與校中商訂一學期一升班之章程，如果甲班長進，今年內可畢初等小學業矣。每日上課外，真能有兩三小時安心用功，不愁不長進。兒女自磨練，成人之基在是。休息時可習已學之拳，既有益衛生，又不廢學也。前出之題，作成幾篇，可寄來。父在外終日不閒，一到晚間，無夜不辦事，時時念我兒。又無人足解父懷，頗傷。兒母兒知父意否？聞我兒能知之，甚慰。亦不在面前，兒早晚眠食小心，丸藥切須服完，必有益。正月廿八日

原文

父谕怡儿：

汝今年是已升之甲班[①]，须更用功。父已与校中商订一学期一升班之章程。如果甲班长进，今年即可毕初等小学业矣。每日上课外，真能有两三小时安心用功，不愁不长进。儿其自砺，成人之基在是。休息时可习已学之拳，既有益卫生，又不废学也。前出之题，作成几篇？可寄来。父在外终日不闲，一到晚间无客不办事时，便念我儿，又无人足解父怀，颇伤儿母[②]。儿知父意否？润[③]或能知之，然亦不在面前。儿早晚眠食小心，丸药切须服完，必有益。

正月廿八日

考释

① 1902年，张謇创办通州师范学校，该校与南洋公学附设师范院、京师大学堂师范斋是中国近代开创师范教育的三大源头，是我国第一所独立设置的师范学校。1905年9月，通州师范学校附属小学校试办，张孝若成为第一批学生。1906年2月，通州师范学校附属小学校校舍落成。3月，通州师范学校附属小学校招生开学。不久，因学生文化知识程度不齐，分为甲、乙两组，用复式教学法。1908年2月，通州师范学校附属小学添设高等学制。据清宣统三年（1911）《通州师范学校现任前任职员录学生录》，张怡祖（孝若）时为通州师范学校附属高等小学二年生。附属高等小学分三年、二年、一年，初等小学分四年、三年、二年、一年。

② 儿母，指张謇夫人徐端（1856—1908），字蒨宜。

③ 润（后文也称德润），即许振，字泽初，籍贯常州，光绪三十三年（1907）九月入通州师范学校农科学习，宣统二年（1910）十二月毕业，时年22岁。后任新南垦植公司经理、东坎淮海实业银行行长、江苏难民工场经理。

父十八日船至西浦遇雨天氣頗寒

兒身體好否兒媳姊須以父意令

其和。孝。勤。慎。為孺孺之光。兒與闿侄近作之

周文抄一首寄來

富安江浦蘇君節詩

怡兒知之 二月十九日

可以繼李楊所

原文

父十八日夜半至浦[①]遇雨，天气颇寒。儿身体好否？若见汝姊[②]，须以父意令其和孝勤慎，为嬢嬢[③]光。儿与润近作之国文，抄一首寄来。寄清江浦苏省铁路公司北线事务所。怡儿知之。

二月十九日

考释

① 浦，即清江浦，现在的淮安。1906年组建的江苏省铁路有限公司，张謇为公司协理。公司规划江苏省铁路分南北两线进行，北线由南通经清江浦、徐州至开封。据张謇《柳西草堂日记》，此信写于宣统元年二月十九日（1909年3月10日）。

② 姊，即张瑛，张謇养女。据张謇《啬翁自订年谱》记载，光绪三十三年（1907）“十一月，嫁女瑛于侯氏”。

③ 嬢嬢，即徐端。

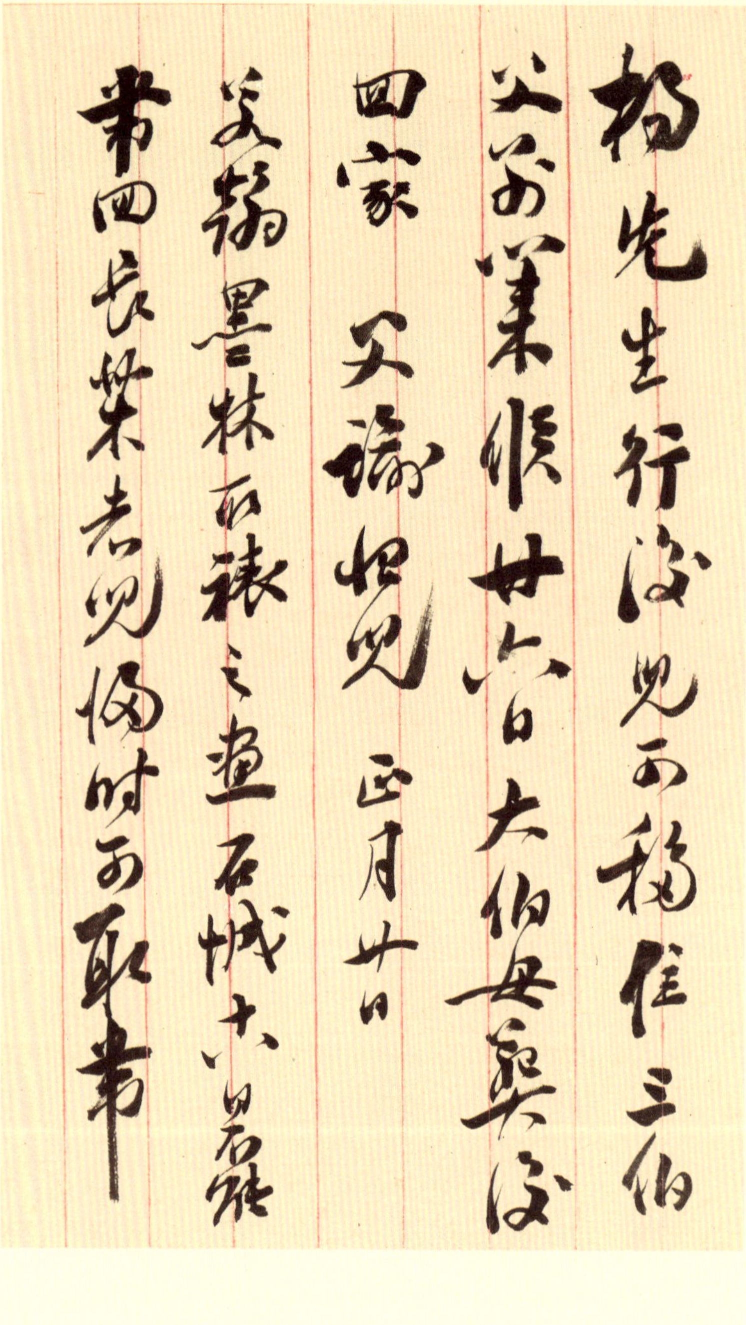

原文

杨先生行后，儿可移住三伯父[①]别业[②]，候廿六日大伯母[③]葬后回家。

父谕怡儿。

正月廿日

若翰墨林[④]所裱之画，石城十八日不能带回常乐[⑤]者，儿归时可取带。

考释

① 三伯父，即张詧（1851—1939），字叔俨，号退庵，晚号退翁，张謇三兄，是张謇在南通创办各项事业的得力助手。

② 别业，即张詧住宅城南别业。

③ 大伯母，即张謇长兄张誉的夫人金氏（1848—1911）。

④ 翰墨林，即翰墨林印书局股份有限公司，系出版和印刷机构，由张謇、张詧、通州师范学校等作为发起人成立，1903年开工。该公司承印南通各学校的课本、讲义，实业公司的表格、账册，地方报纸，店铺广告、商标，另外还发售文具和婚丧用品、代客裱画。

⑤ 常乐，张謇有时写作长乐，位于江苏省海门市，系张謇的出生和成长地。

怡儿前寄亲妈妈讯、既好寄去、今见儿一动笔、、即知为既正、儿须知父苦心细细思过一回。好好须用实夫好好熬磨、儿不不会做若工夫植例做儿能做若须自己做。切勿习懒。。识得儿是个岁、要晓得事要自已做、别人做了、趣累、可见儿本性是勤。现在家父父讯。为托人写。是惭惭向懒。此大病也。儿须须痛改。

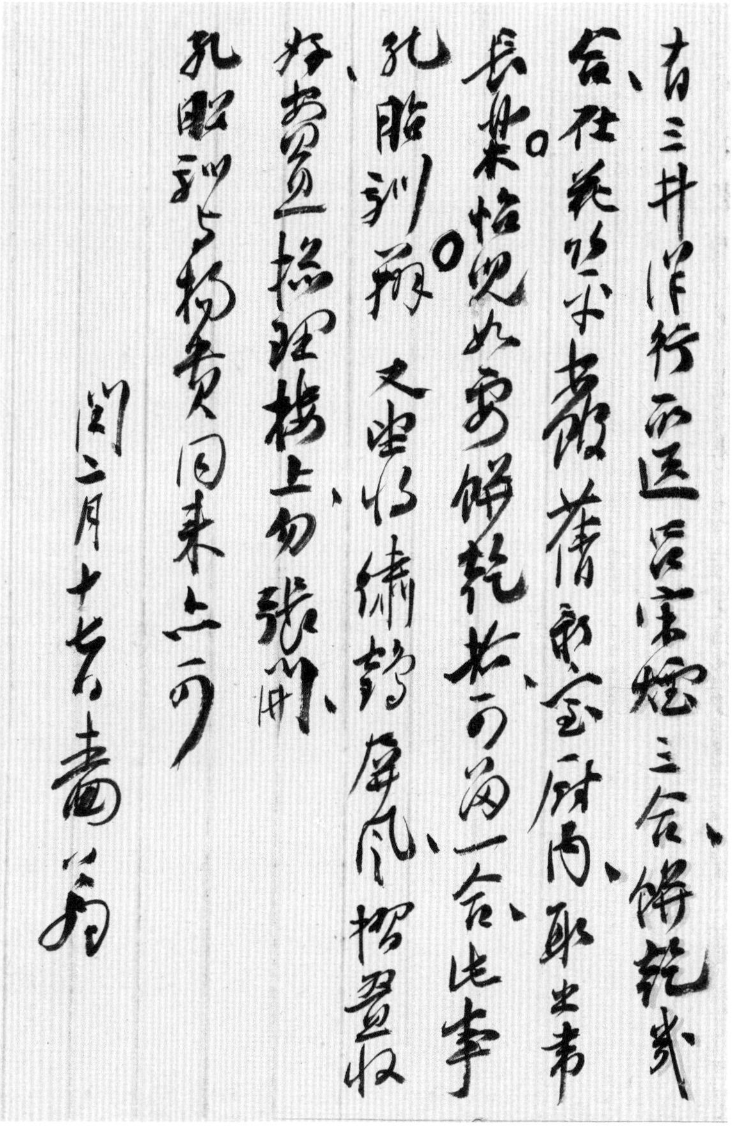

原文

怡儿：

前寄亲妈妈[①]讯，改好寄去。父见儿一动笔之纸，必为改正。儿须知父苦心，细细看过，一一收好，须用纸夹，收得整齐。儿所不会做者，交德润做。儿能做者，须自己做，切勿习懒。记得儿五六岁，吃饭拿凳，皆要自己做，别人做辄哭，可见儿本性是勤。现在寄父之讯，尚托人写，是渐渐向懒，此大病也。儿须痛改！

有三井洋行[②]所送吕宋烟三合、饼干几合，在花竹平安馆[③]蒨影室厨内，取出带长乐。怡儿如要饼干者，可留一合。此事孔昭驯[④]办。又望将绣鹤屏风折叠收好，安置总理楼上，勿张开。孔昭驯与杨贵[⑤]同来亦可。

闰二月十七日　啬翁

考释

① 亲妈妈，即张謇夫人吴道愔（1873–1943），张孝若生母，如皋人。

② 三井洋行，日本三井物产株式会社在中国各支店的俗称，1907年先设于上海。中华民国临时政府成立后，曾向三井洋行借款，张謇以大生纱厂作为抵押。三井洋行还是大生纱厂和大生分厂的煤炭供应商。

③ 花竹平安馆，张謇在南通城的住宅之一，位于南通博物苑，为五开间二层楼，因近处植有多种名竹而得名。

④ 孔昭驯，亦名孔驯，江西南昌人。张謇管家、秘书。1903年随张謇东游考察日本。

⑤ 杨贵，张謇仆人。

天渐热，屋小人多，恐炭气重，儿可与怡儿仍住李先生房朝南缘，先将房中打扫，自修仍在东耳楼，设一书案、书架与怡儿共。所写之字，排日订一本，所改之讯归于后，每讯仍可寄来，或存俟父回阅之。闰二月廿四父谕怡儿并示怡闰。黄先生前已请范予考误乃今于教诸生察之，昨函托为儿与闰儿察视母子奉川奇为儿与闰儿也。儿与闰可请安里姊黄函托一次。闰之圆文题已寄去，念之。油纸文字带去四刀，须要真切。

原文

天渐热，夜间卧后勿开窗，屋小人多，恐炭气重，儿可与德润仍住李先生房朝南床。先令文明将房中打扫，书案抽屉均须检清。自修仍在东耳楼，设一书案，书架与德润共之。所写之字排日订一本，大小皆留。写须照样笔笔到，初似拘苦，久之笔熟，即自然矣。润尤须用心。所改之讯录于簿，原讯仍可订好寄来，或存，俟父回阅之。

父谕怡儿，并示德润。

闰二月廿四日

黄万益[1]（前作范予者误）乃令于教警察之暇，至校为儿与润察视母子拳[2]熟否，非专为儿与润也。儿与润可酌每星期日某时请黄至校一次。润之国文题已寄否？念念。须要真切。油纸又寄去四刀。

考释

① 黄万益，宣统三年（1911）七月至民国元年（1912）二月在通州师范学校任拳术教练。

② 母子拳，即子母少林拳，长拳中的一种。

儿爱学诗，甚好。父当为儿选古人小诗，俾儿先读。平仄可问江先生。先学反切（反切翻字）及四声，父小时止学得两个月便明白，此事不难，但须当作闲中功课可矣。平日上课自修之暇，可与闻及吴学（天晴日）不说小说故事（谈），或习拳，以疏动之。三字经之勤有功，戏无益，益须在戏上求有益，儿其志之。

父谕怡儿　闰月　闰二月十一日

诗可呈江先生看。儿知耻。不知而问人，惟有耻乃能知耳。

原文

儿爱学诗，甚好。父归，当为儿选古人小诗，俾儿先读。平仄可问江先生[①]，先学反切（反即翻字）及四声。父小时止学得两个月便明白，此事不难，但须当作闲中功课可矣。平日上课自修之暇，可与润及吴舅舅[②]看有用小说及谈故事；或习拳以疏动之。《三字经》[③]言：勤有功，戏无益。如今须在戏上求有益，儿其志之。

父谕怡儿，润同阅。

闰二月廿五日夜

诗可呈江先生看。儿弗耻不知而问人，惟不耻，乃能知耳。

考释

① 江先生，即江谦（1876—1942），字易园，号阳复居士，安徽婺源（今江西）人。张謇门生。毕业于南洋公学。通州师范学校创办后，江谦先后担任国文教习、学校监理、代理校长。参与创办南京高等师范学校，并担任首任校长。

② 吴舅舅，疑即吴鉴春，字藻新，如皋人，生于光绪十年（1884）。光绪三十三年（1907）九月入通州师范学校农科学习，宣统二年（1910）十二月毕业，宣统三年（1911）七月起任农场园艺课员。

③《三字经》，中国旧时的蒙学课本。一般认为作者是王应麟(1223-1296，浙江人)，也有区适子（1234-1324，广东人）和黎贞（1355-?，广东人）之说。内容侧重于道德教育，三言韵语，便于记诵。

今日寄去批评儿与润可细阅，阅之兹文
寄去徐家发掘记一册，此书记所
掘，颇有要点中国据经家也之事
时可于一小段（或房间谈之）胜似说无益话，庸随
须由此房写，
父谕怡儿　闰二月廿六日

原文

今日寄去两讯，儿与润可细阅之。兹又寄去《徐霞客[①]游记》一部。此书记所游颇奇突，亦中国探险家也。无事时，可看一小段，或属润讲之，胜似说无益话。扇随后由帐房[②]寄。

父谕怡儿。

闰二月廿六日

考释

① 徐霞客（1587—1641），名弘祖，字振之，号霞客，江阴人，明地理学家。

② 帐房，即大生驻沪事务所。大生纱厂创办之初，为便于募集资金及与有关机构联络，于1896年设大生上海公所，寓上海福州路广丰洋行内。之后多次搬迁和改名，但职能逐渐拓展，由大生纱厂的驻沪办事处成为大生企业的协调和管理机构。1897年，公所由广丰洋行迁至新北门外天主堂街，称沪帐房。1907年，改称大生驻沪事务所。1936年，大生驻沪事务所更名为大生总管理处。1946年，大生总管理处更名为大生上海联合事务所。1951年，又更名为大生第一、三纺织公司上海联合事务所。1953年，该所登报宣布撤销。大生驻沪事务所也为张謇处理个人事务。

怡儿须耐心向学，不必忧寒，实与张先生同处，用功者观，则胜于同学多也。儿自今日以用功为主意。问农学上课、复习时间所差不多，早中晚三餐及寝间必在一处，可以伴你。如此与在家上学亦同。间课余即回与怡同习国文。

儿今午不告父即去校，父大不放心。

今人不察，寻观此可知礼记出必告返必面之为孝。

原文

怡儿：

须耐心向学，不必忧寂寞。与张先生[①]同处，用功有规则，胜于同学多多。儿目下自以用功为主意。润农学上课、实习时间所差不多，早中晚三餐及夜间，润必在一处，可以作伴。如此与在家上学亦同。润课余即回，与怡同习国文。儿今午不告父即去校，父大不放心，令人各处寻视，此可知《礼记》“出必告，返必面”[②]之为孝。

考释

① 张先生，即张庸（1868–1919），字景云，江苏昆山人，清末应张謇聘，赴南通教张孝若读书，并任通州师范学校国文教师、南通图书馆首任主任。

② 语出《礼记·曲礼上第一》：夫为人子者，出必告，反必面；所游必有常，所习必有业。意思是：当儿子的，出门前必须禀告父母，回家后也必须面告父母；出游必定有个常去的处所，学习必定有个固定的课业。

[illegible][illegible]及樱花日[illegible]常之诗韵并评足
答此人款自送，按来见款自收到
念念。前诗中落月[illegible][illegible]际，[illegible]字[illegible]引
字。

啬翁寄怡儿

三月十六日

原文

昨夜交厂花司务[①]带去《诗韵》并讯，是否此人亲自送校，吾儿亲自收到？念念。

前诗中“容月窗多隙”，“容”字改“引”字。

啬翁寄怡儿。

三月十六日

考释

① 司务，大生纱厂办事人员。

今日家中祭儿母不胜怆恻儿在
花竹平安馆设祭时感念如何父
有志哀诗别纸示儿父之悲伤何止
百端儿知之耶
闻所习读音音熟我慰矣江先生之教
教员甚横实平正可如陈为阅辈
父谕怡儿
三月廿五日

原文

今日家中祭儿母[①]，不胜怆恸。儿在花竹平安馆设祭时，感念如何？父有志哀诗到校示儿。父之哀伤何止百端，儿知之耶？

润所习育之蚕几眠矣？江先生言农教员[②]甚朴实平正，如此可为润幸。

父谕怡儿。

三月廿五日

考释

① 据张謇《柳西草堂日记》记载，宣统元年（1909）三月“二十五日，先室忌日第一，悲从中来，不能自已。戚里来致敬礼者，一一以客礼饷之”。

② 农教员，指南通农校的教师。

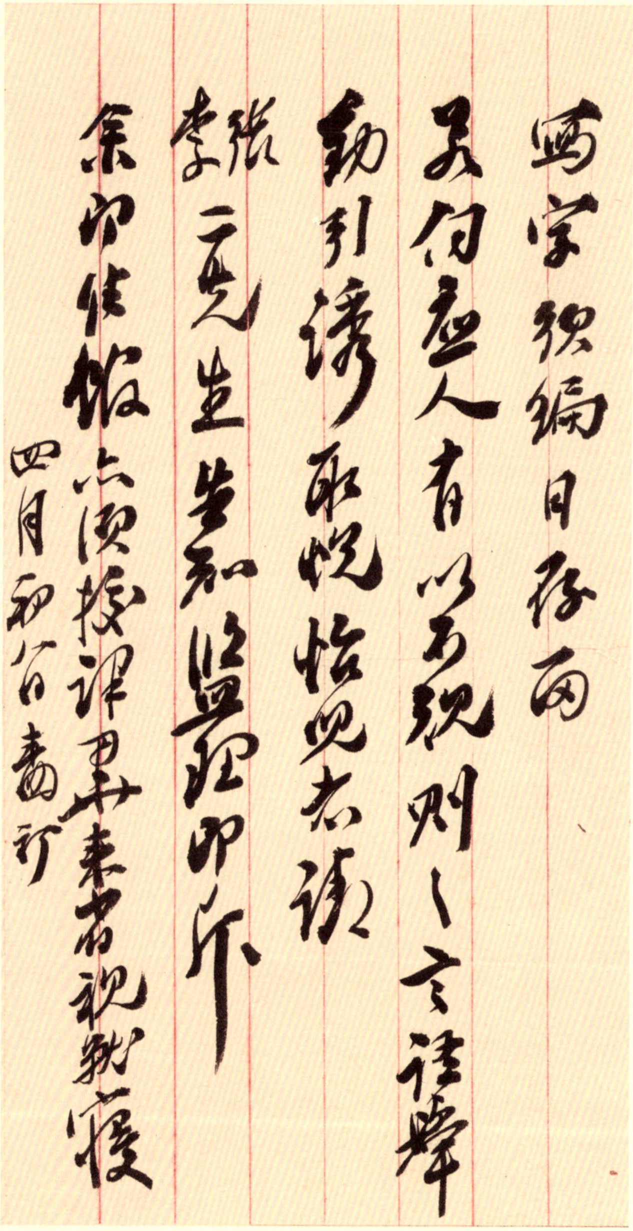

原文

写字须编目存留。

若伺应人有以不规则之言语、举动，引诱、取悦怡儿者，请张、李[①]二先生告知监理即斥。

余即住馆，亦须校课毕，来省视就寝。

四月初八日啬订

考释

① 李，即李虎臣（1853–1930），名以炳，江苏太仓人。为张謇器重，聘为家庭教师。据《啬翁自订年谱》记载，1896年，“延太仓李虎臣（以炳）同至江宁，课从子亮祖、仁祖”。

土炒白术改生白术 怡儿照服为妥

日仍请陈老伯去一诊

怡儿回览

嗇四 四月三日书

三刻

張少卿 陳彝樵楼上

怡儿服甲日服头煎 乙日服二煎 先服两帖

帖面色黄退可止 再对服三帖

陈君标来再请其一诊

原文

土炒白术改生白术，怡儿照服。明后日仍请陈老伯去看。怡、润同览。

啬　四月廿三日十时三刻[①]

（张少爷　师范总理楼上）

怡儿服：甲日服头煎，乙日服二煎。先服两帖，面色黄退即止。否则服三帖。

陈君楳来，再请去看。

考释

① 据张謇《柳西草堂日记》，宣统元年四月“二十三日，与怡儿讯”，此信写于1909年6月10日。

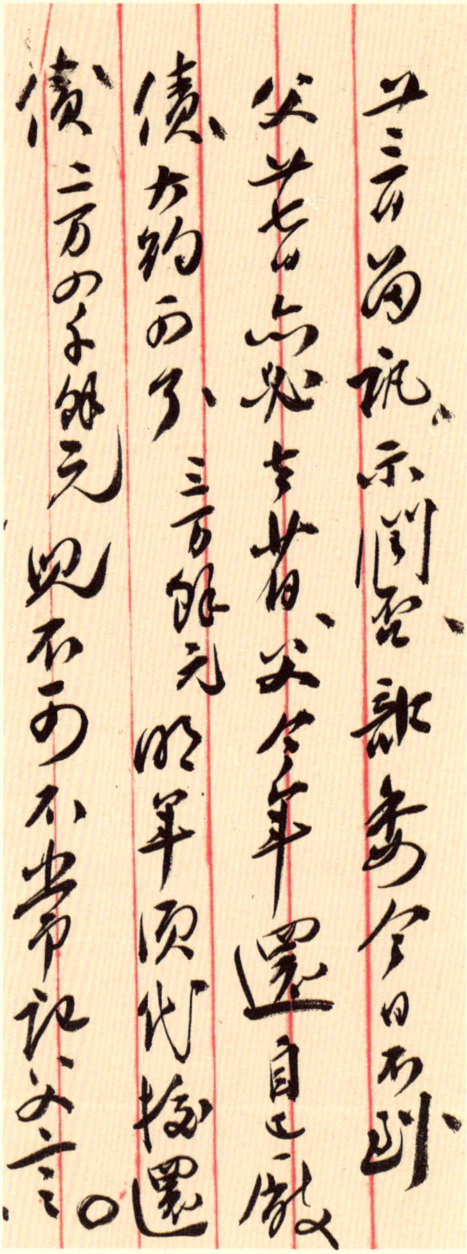

原文

廿三日留讯示润否？部委今日不到，父廿七日亦必去省。父今年还自己厂[①]债，大约可了三万余元。明年须代校还债二万四千余元。儿不可不常记父言。

考释

① 厂，指大生纱厂，又称大生一厂、大生正厂、大生纺织公司、大生第一纺织公司等。大生系张謇取自《周易·系辞》中“天地之大德曰生”，厂址位于南通城西北唐闸。1895年，张之洞委任张謇总理通海一带商务，张謇开始筹备纱厂。1899年5月23日正式开车，是张謇在南通探索现代化道路的起点。1951年12月，大生第一纺织公司实行公私合营，今为江苏大生集团有限公司。

今年译为苑顺伯李镁荪、易园讯内、
语固未了也。今宋四政旧类典一新、存于
学校房内、历代史略再新、一交易园一存
房内、润可以此讯示之。
拔收儿讯读之，意盖于学生兴味极浓。
能于课外非导以情也，须请（拔儿当知父言。）季、陈二先生
随时斟酌东人凡政旧教育。皆以敏腕
活眼四字为纳。润亦可以此讯呈二先生阅之。
国文详读经籍文与小诗，润尤为宜取其
轻重相间也。润专注学讯，而于前后文正家
书、用功数学及宪刑、亦须看近宪之意，旬
过稳之，须自视手力为要，总之一日须有一
二时心和怡畅之时，此谕怡、润可同阅。
啬翁寄怡儿并润
四月廿六日夜十一时刻

原文

今早讯，为范顺仓卒误发易园[①]讯内，语固未了也。今寄回《政治类典》[②]一部，存总理楼房内；《历代史略》[③]两部，一交易园，一存房内。润可以此讯示之。

批怡儿讯后之意，盖欲学生兴味精神余于课外，怡儿当知父意非导以惰也。须请张、李二先生随时斟酌。东人凡政治教育皆以“敏腕”“活眼”四字为的[④]。润亦可以此讯呈二先生阅之。国文课读短篇文与小诗，间日为宜，取其轻重相间也。润专注学讯，可看曾文正家书[⑤]，用功农学及实习，亦须有从容之意，勿过猛，猛须自视才力为要。总之一日须有一二时心神怡旷之时。此语怡、润可同用。

啬翁寄怡儿并润。

四月廿八日夜十一时二刻

考释

① 易园，即江谦。

②《政治类典》，戢翼翚、章宗祥、马岛渡、宫地贯道编译。

③《历代史略》，系柳诒徵编著的历史教科书。

④ 东人，指日本人。敏腕，在日语中的意思是敏捷的手腕，指干事有能力，有才干，很敏捷利索。活眼，指眼力。

⑤ 曾文正家书，即曾国藩《曾文正公家书》。

古椗之見覓漕船以前收藏之念事完遺忘兒書所云學生墮水比正可收之會已函囑躍門即日料理後度何父之菜園內諸孩可與同學散步苑內教操以孩自習作運動最好

父示怡兒 四月廿日

原文

去校之日见竞漕船[①]，即萌收藏之念，事冗遗忘。儿书所言学生堕水，此正可收之会。已函属跃门[②]即日料理，收度伯父[③]之果圃内。课暇可与同学散步苑内，体操以暇，自习作运动最好。

父寄怡儿。

四月卅日

考释

① 竞漕，日本名词，竞漕船即赛艇。通州师范学校于1910年成立竞漕科（赛艇队），并在江宁（南京）举办的南洋劝业会上表演。南通西公园落成后，也开设竞漕游戏。

② 跃门，即宋龙渊，字跃门，生于咸丰六年（1856），通州（南通）人，光绪二十九年（1903）四月起任通州师范学校庶务长。

③ 伯父，即张詧。

怡兒德潤自修功課時非自修功
課游戲時均請
張先生監視時間及規則校外
間游亦請先生不論張季直先生同行
半月寫家訊二一寄家一寄余或每
月望朔寫不須繁但實

原文

怡儿、德润：

自修功课时，非自修功课游戏时，均请张先生监视时间及规则。校外闲游，亦请先生（不论张、李二先生）同行。半月写家讯二，一寄家，一寄余。或参差两星期写，不须繁，须实。

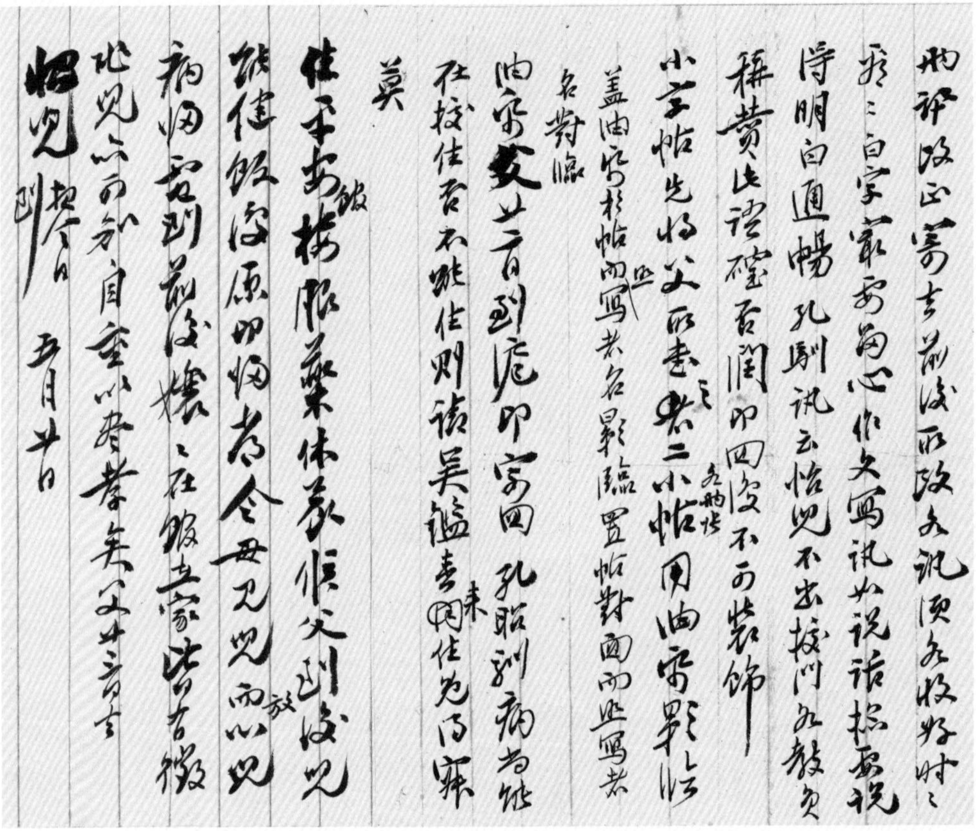

原文

两讯改正寄去。前后所改各讯，须各收好，时时看看。白字最要留心。作文、写讯如说话，总要说得明白通畅。孔昭驯讯云，怡儿不出校门，各教员称赞，此语确否？润即回复，不可装饰。

小字帖先将父所书之二小帖各两张，用油纸影临。盖油纸于帖而照写者，名影临；置帖对面而照写者，名对临。

油纸，父廿二日到沪即寄回。孔昭驯病，尚能在校住否？不能住则请吴鉴春来住，免得寂寞。

住平安馆楼服药休养，候父到后，儿能健饭复原，即归省，令母见儿而放心。儿病归电到前后，孃孃在馆、在家皆有征兆。儿亦可知自重以尽孝矣。父廿三日去，怡儿想今日到。

五月廿日

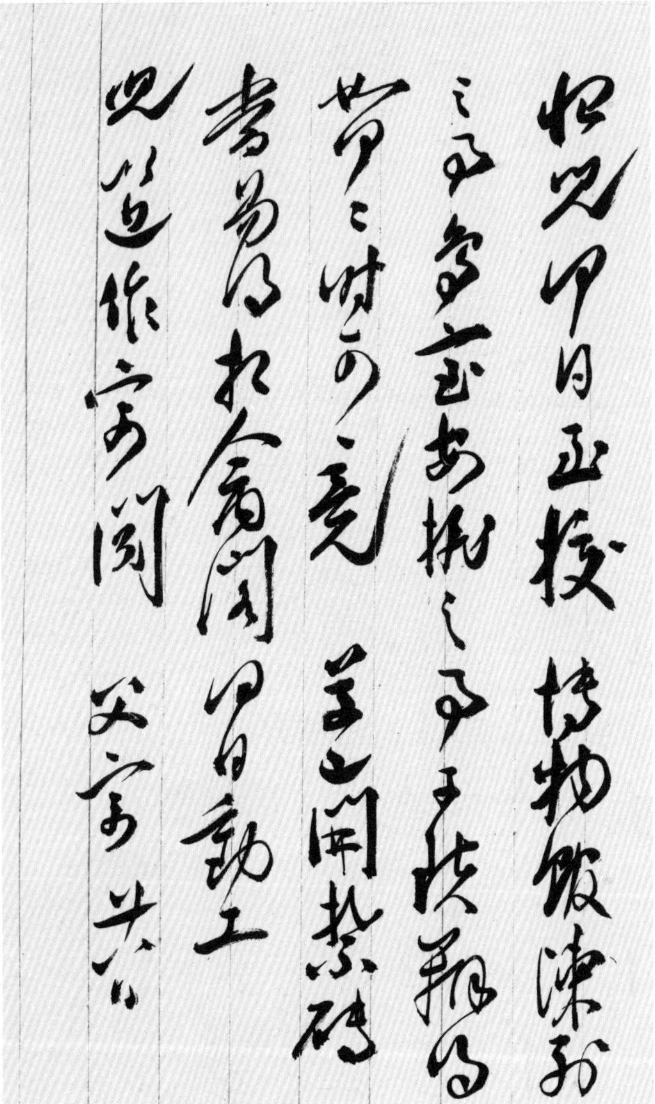

原文

怡儿：

何日至校？博物馆陈列之事，鸟室安排之事，子鉃[①]办得如何，何时可竟？草已开禁，砖当易得。相禽阁[②]何日动工？

儿以近作寄阅。

父寄。

廿八日

考释

① 子鉃，即孙钺，字子鉃，生于1876年，通州（南通）人，曾就读通州师范学校，光绪丙午（1906）正月起任南通博物苑主任。

② 相禽阁，建成于1912年，位于南通博物苑东馆北面，三间平房坐东朝西，专用于招待宾客暂住，西北不远处是九间鸟室，相禽阁因此得名。

希儿宜觅诗中未悉但组合处未

然细入昔人言诗文之要曰一经一纬一宫一商

经纬以组织言宫商以声律言经纬主

色宫商主音更分之以一出一入一役一民

则文章之道与文章之妙尽矣览且为

意于经纬二字即以意组织并能照自

色相音节则已进矣取证宫商者须

言之因一字而有时宜用阴而有时宜用阳

平因一意而有时宜用此字而有时宜用彼

字下

原文

啬翁寄怡儿：

诗尚不恶，但组合处未能细入。昔人言诗文之要，曰一经、一纬、一宫、一商[①]。经纬以丝织言，宫商以乐律言。经纬主色、主意，宫商主音，若更加之，以一出一入、一彼一此，则文章之道与文章之妙尽矣。儿且留意于经纬二字，即以意组织。若能明白色相音节，则已进矣。所谓宫商者，质言之，同一字也，有时宜用阴平，有时宜用阳平；同一意也，有时宜用此字，有时宜用彼字耳！[②]

考释

① 语出《西京杂记·百日成赋》：合綦组以成文，列锦绣而为质，一经一纬，一宫一商，此赋之迹也。经纬，指诗的框架结构；宫商，指诗的音律。

② 张孝若《南通张季直先生传记》记载，此信写于民国三年（1914）五月。

此字已阅。译农科旅行路十日、系昔未知也。电局间初四日至家，初八日与恩从张先生回校，十一日上课，又初六日至外叔，初八日至新校，廿四日前后方能到家，此母不能当通。家中无人，或请西亭翠姑太太代为之照。与此母商之，若无人去，此婶必偕其娘，亦不在矣。来家相见。六月三日 此稿并已到家

今粗睡稍适。大约廿日或初一日行，昔议之。讯廿八九日当到校。孔铭生长卿未去，恰与问之物件，四五期日须子细理清，何至物件遗失？必为检得也。

原文

小学已开课，农科旅行[1]改十一日，余皆不知。已电嘱润初四日至家，初八日与儿随张先生回校，十一日上课。父初六日至分厂，初八日至垦牧[2]，十五日前后方能到家。汝母不能去通，家中无人，或请西亭翠姑太太代去如何？与汝母商之。若无人去，汝姊必伤感娘娘之不在矣。

父寄怡儿。

六月三日

张福[3]想已到家。

今夜睡独迟，大约卅日或初一日行。省发之讯廿八九日当到校。孔驯去长乐否？怡与润之物件，星期日须子〈仔〉细理清。何至物件遗失，必可检得也。

考释

① 通州师范学校附设农科于光绪三十三年（1907）。据张謇《柳西草堂日记》记载，农科旅行实际时间为1909年7月25日至28日，主要参观通海垦牧公司。

② 垦牧，即通海垦牧公司，1900年张謇为解决大生纱厂棉花供应问题而创办的农业股份制公司。公司垦区地跨通州和海门，在海复镇设有垦牧乡自治公所和公安局，并成立实业警察队。1946年实行土改，通海垦牧公司不复存在。

③ 张福，张謇家仆人。

天甚炎热，儿初八日去通，可于五时起。六
时乘小车至四扬坝。八时可至。若不甚热，
初[illegible]日先知照[illegible]行，催一民船。初八日一到即开，
趁通开闸，十时可到垦矣。十四[illegible]时[illegible]
家陪行，张师不惯，亦恐儿受热也。
闸初四日何时到？儿到垦后，初十日
闸去看牧旅行，何人照料，须令福
福安和尚照料。儿之起睡及[illegible][illegible]
俗之事。闸去[illegible]日必可回，为闸学关计，
不得不略去。相张师亦必爱护儿也
儿母当可不去通。张福亦须去，[illegible]初
七日去[illegible]敬之可以[illegible]。[illegible][illegible]须初
七日乃能去[illegible]敬。初九日至[illegible]
[illegible][illegible][illegible]四帖[illegible][illegible]方[illegible][illegible][illegible]。
安[illegible]儿 六月四日
张师阅之 [illegible]儿[illegible][illegible]一枝封
[illegible][illegible]用以[illegible][illegible]封[illegible]加印记

原文

天甚炎热，儿初八日去通可于五时起，六时乘小车至四扬坝，八时可至，尚不甚热。初六、七日先知照公行雇一民船，初八日一到即开，极迟夜间十时可到校矣（十四小时，每时行六里）。若陆行，张师不惯，亦恐儿受热也。润初四日何时到？儿到校后，初十日润去垦牧旅行，何人照应？父拟令五福或和尚照应儿之起睡及梳发澡浴之事。润去五日必可回，为润学问计，不得不听去。想张师亦必爱护儿也。儿母当可不去通，张福如候衣服，初七日去分厂亦可。父候三伯父，须初七日乃能去分厂，初九日至垦牧。令张福赎药四五帖带去。方在张福处。

父寄怡儿。

六月四日

讯呈张师阅之。寄儿蜡条一枝，封要紧讯用，以纸捻燃火爇之，熔化于封口，加印记。

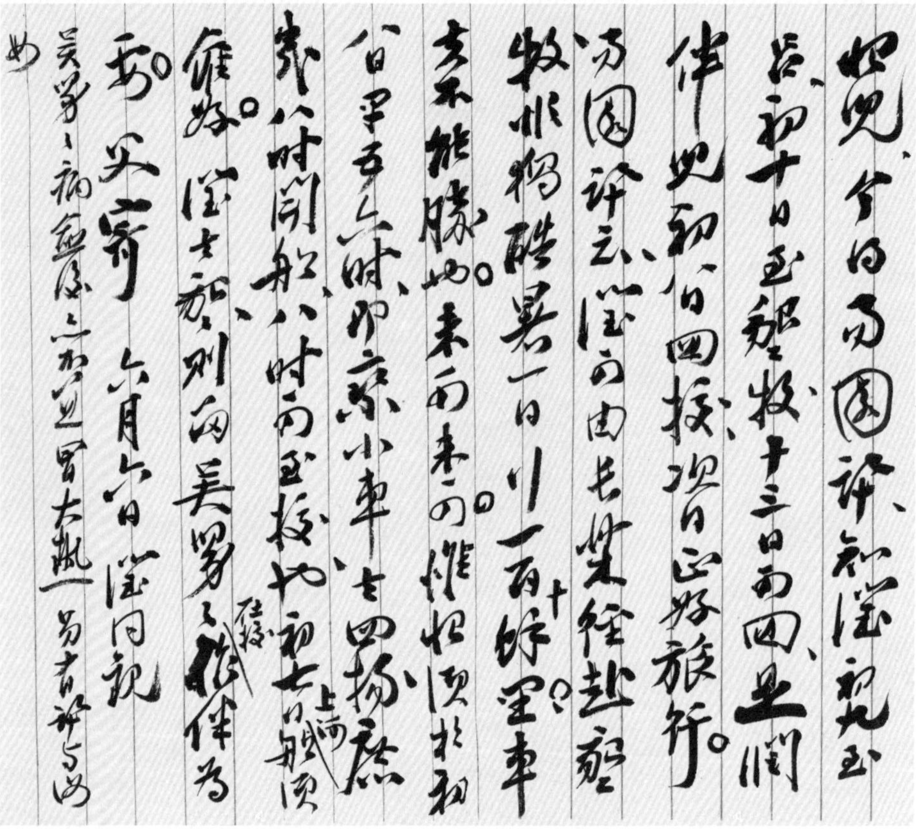

原文

怡儿：

今得易园讯，知润初九至吕[①]，初十日至垦牧，十三日可回。是润伴儿初八日回校，次日正好旅行。易园讯云，润可由长乐径赴垦牧；非独酷暑，一日行一百十余里，车夫不能胜也。未可，未可！惟怡须于初八日早五六时即乘小车去四扬，庶几八时开船，八时可至校也。初七日上河船须雇好。润去垦，则留吴舅舅在校作伴为要。

父寄，润同观。

六月六日

吴舅舅病愈后，亦不宜冒大热。另有讯与汝母。

考释

① 吕，即吕四。位于江苏省启东市北部，濒临黄海，附近的吕四洋是中国著名渔场。1903年张謇与汤寿潜、徐显民等，在吕四创设同仁泰盐业公司。

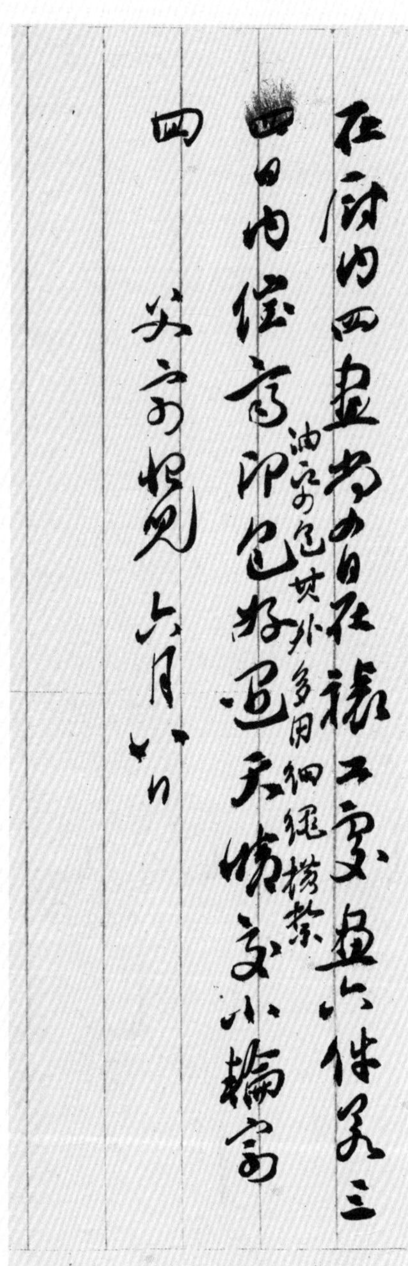

原文

在厨内四画，尚有在裱工处画六件，若三四日内催齐，即包好（油纸包其外，多用细绳横扎），遇天晴，交小轮[①]寄回。

父寄怡儿。

六月八日

考释

① 小轮，即大达内河轮船公司（大达小轮公司），张謇筹办于1900年，公司设于南通唐闸，首条航线为通州至吕四，之后航行于通州与如皋、泰州、扬州之间。

趙先之學校，昨如訊于校長，對於中
國之內之外學生，多不滿之，爲之寒心。
中有日爲賓閣之不懌，趙先生亦不以學生
爲然。雲巴謂我之校如南洋以學則放任
之義。校中聚且從他校，吾我擬
明年請外國先生一，中國先生在此，各
其功疏者本課兒學。另一二月爲遊學預定
之務，備此二年中專讀中國書，同時經
史各英文，以冀其鄉功課，或可養成一
種高尚靜退涵毅之風，不至隨人浮
慕虛誕妄之路，我修一子一孫，即無論
望我者矣，不得不爲久計也。嗇告二子 廿七草
令孫閱，止滬出之人

原文

赵世兄[1]之学校，昨始知其校长对于中国会内会外学生多不满意，为其嚣张也。有事实，闻之不怿。赵老伯[2]亦不以学生为然。震旦[3]干涉主义之校也，南洋公学[4]则放任主义之校也。震旦且如此，他校可知。我拟明年请一外国先生，一中国先生，在北五山太阳殿[5]专事课儿（另一二同学），为游学欧美之预备。此二年中专讲中国有用之经书及英文、算术之功课，或可养成一种高尚静远沉毅之风，不至堕入浮嚣浅薄诞妄之路。我仅一子，一坏即无后望。我老矣，不得不为久计也。烟台学生军全覆，闻止逃出三人。

考释

① 赵世兄，即赵凤昌儿子赵尊岳，毕业于南洋公学。

② 赵老伯，即赵凤昌（1856—1938），字荣庆，号竹君、惜阴，江苏武进人。武昌起义后，南北谈判的秘密会议在其上海居所惜阴堂进行。1912年与张謇、章太炎等人组织统一党。

③ 震旦，即震旦学院，天主教教会学校，创办人马相伯，1903年在上海徐家汇天文台旧址开学。1905年因办学方针的分歧，马相伯率领部分师生离校，另行创办复旦公学。张謇等人从中调停，学院于8月重新开学。1932年改称震旦大学。1952年院系调整中解散。

④ 南洋公学，上海交通大学的前身，1896年由盛宣怀创设于上海。

⑤ 北五山，又称钟秀山、北土山，位于南通城北郊，1569年筑成。太阳殿位于北五山西山。1915年在太阳殿设立初等小学校，名南通市第二十国民小学，又名钟秀小学。

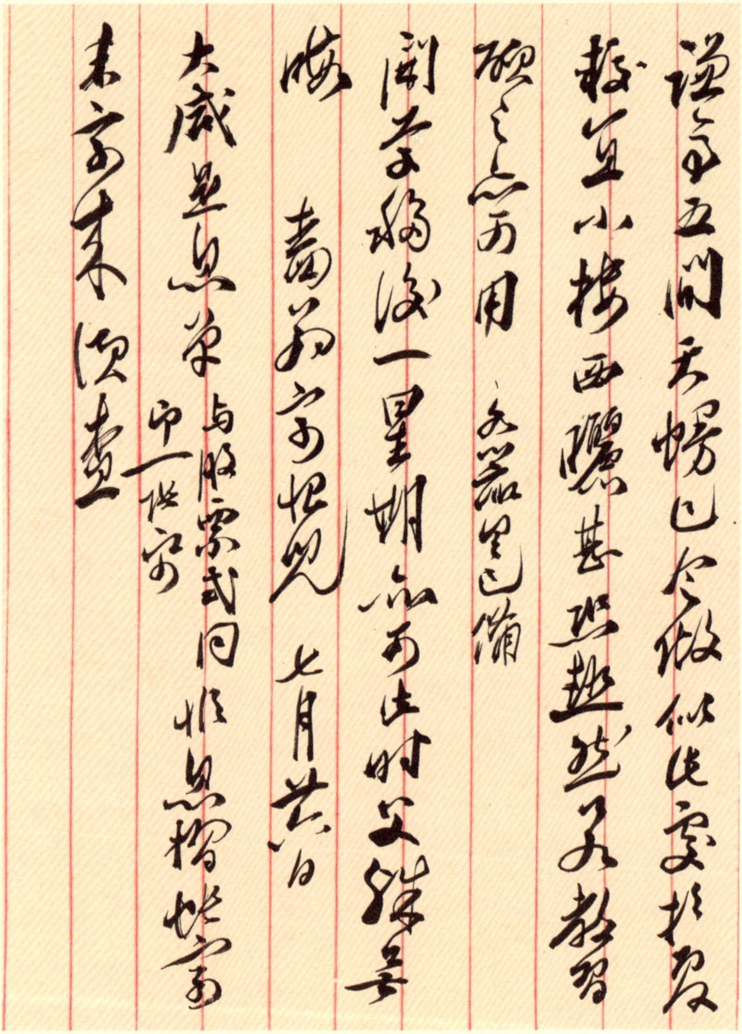

原文

谦亭[①]五间天幔已令做。似此处于夏较宜。小楼西晒甚，恐热，然若教习愿之，亦可用。各器具已备。

开学移后一星期亦可，此时父殊无暇。

啬翁寄怡儿。

七月廿六日

大咸[②]是息单（与股票式同，即一张纸），非息折。帐寄未寄来?须查。

考释

① 谦亭，位于南通博物苑。1911年落成，又名师范校休疗室，是一座坐北朝南的凹字形平房。

② 大咸，即大咸盐栈，1908年成立，同仁泰盐业公司的销售机构，在通州、如皋、海门一带销售食盐。

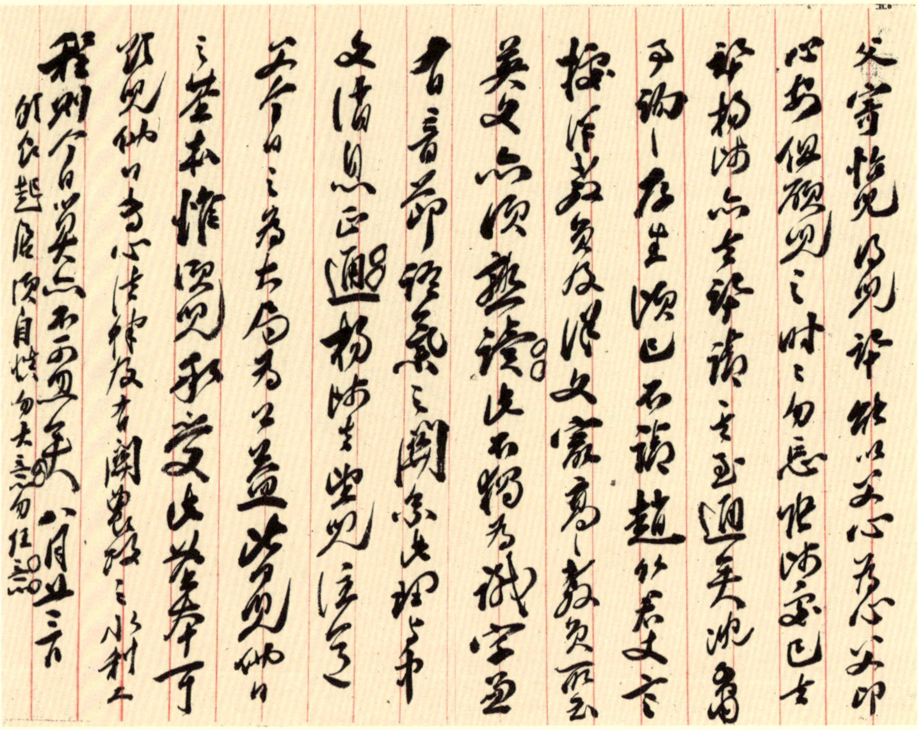

原文

父寄怡儿：

得儿讯，能以父心为心，父即心安。但愿儿之时时勿忘。张师处已去讯，杨师[1]亦去讯，请其至通矣。沈子肃[2]事询之厚生[3]，顷已不请。赵竹君丈言，据洋教员及洋文最高之教员所云，英文亦须熟读，此不独为识字，兼有音节、语气之关系，此理与中文消息正通。杨师去，望儿注意。父今日之为大局，为公益，皆儿他日之基本，惟须儿承受此基本耳。欲儿他日专心法律及有关农政之水利工程，则今日算亦不可忽矣。

八月廿三日

饮食起居须自慎，勿大意，勿任意。

考释

① 杨师，即杨嘉楠，字石秋，如皋人。通州师范学校第五次本科毕业。1911年，通州师范学校资遣其入南洋公学深造，时年23岁。

② 沈子肃，张孝若的老师。

③ 厚生，即刘垣(1873–1962)，江苏武进人，张謇助手，何嗣焜女婿。早年在南洋公学任教，后任南通大生纱厂、新通贸易公司董事，通海垦牧公司股东等。曾任农商部次长。著有《张謇传记》。

父寄怡儿：闻报儿病，父甚记念，即电蔼父

请余先生去长乐视儿，闻讯已之，儿昔

在校，昔则今日儿往校，抑在家耶？据

之眠食安否？心。天已大凉，须善摄衣被，慎寒时，眠食之要紧。须

冥心调，饮少油，勿过饱，泛须时时为儿视

察之责。父明日去沪，廿四回，儿宜则来

祝怡儿。父。八月廿三日

原文

父寄怡儿：

润报儿病，父甚记念，即电三伯父请余先生去长乐视儿。润讯亦言儿廿四日至校，然则今日儿在校抑在家耶？总之眠食要留心。天已大凉，寝时须盖略厚之棉被，须著紧身小袄；食少油，勿过饱。润必时时为负视察之责也。父明日去沪，廿八日回宁。儿愈则来讯慰父。

八月廿五日①

考释

① 据张謇《柳西草堂日记》，此信写于清宣统元年（1909）八月。

闻柳先生为人之见，于英文读法
不切实亦不皆熟读，将来必有一
过即忘之病，云英文需重复读。
不切实者不能——不熟读则经
法不合。虽字文能书字美，仍不出误
将学仍不能进，须平声科，下学
期须勉力，志于切实熟读二义。
柳（怅甚）为家事，须一星期后到馆，先
张丁先生代数日。
父字怡儿　八月廿日

原文

闻杨先生为人言，儿于英文读法不切实，亦不肯熟读，将来必有一过即忘之病云。英文最重音读，不切实则音不准；不熟读则语法不合，虽学犹未学矣！何以出洋游学？何以进清华豫科？下学期须勉力志于切实、熟读二义。杨、张皆有家事，须一星期后到馆，先请丁先生①代数日。

父寄怡儿。

八月廿八日

考释

① 丁先生，即丁冕英，字宗彝，湖南长沙人，光绪三十二年（1906）七月至光绪三十四年（1908）十二月在通州师范学校教授英文。后担任通海五属公立中学（南通中学）英文教员。

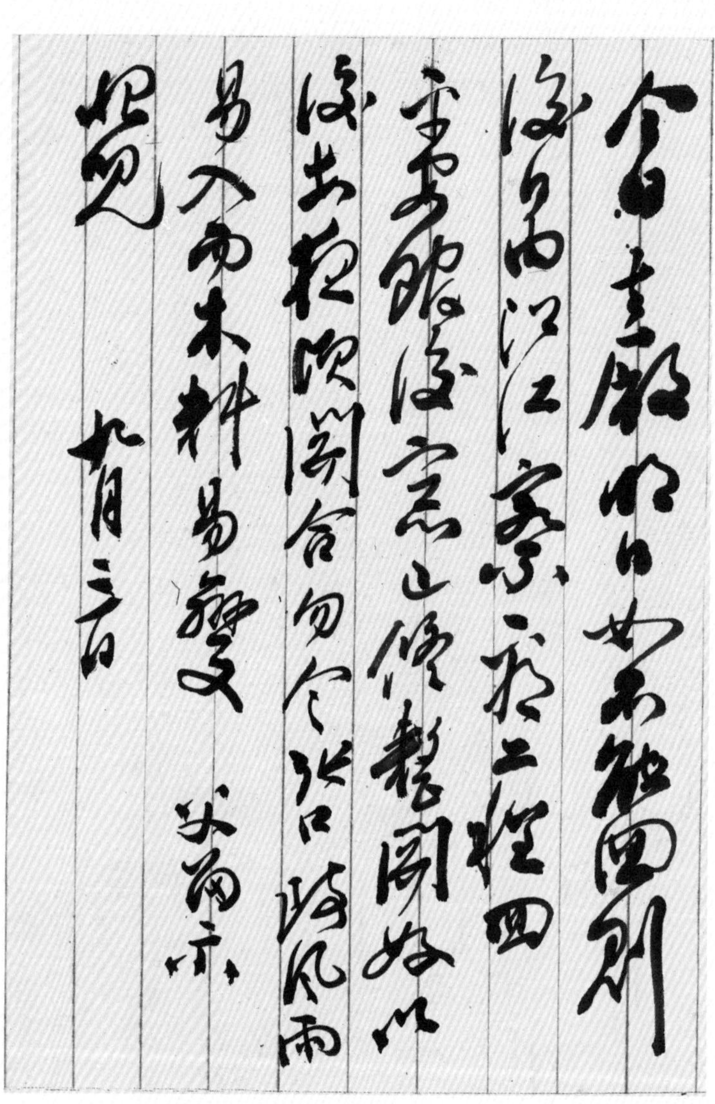

原文

今日去厂，明日如不能回，则后日由沿江察看工程回。平安馆后窗已修整关好，以后每夜须关合，勿令张口，致风雨易入，而木料易变。

父留示怡儿。

九月三日

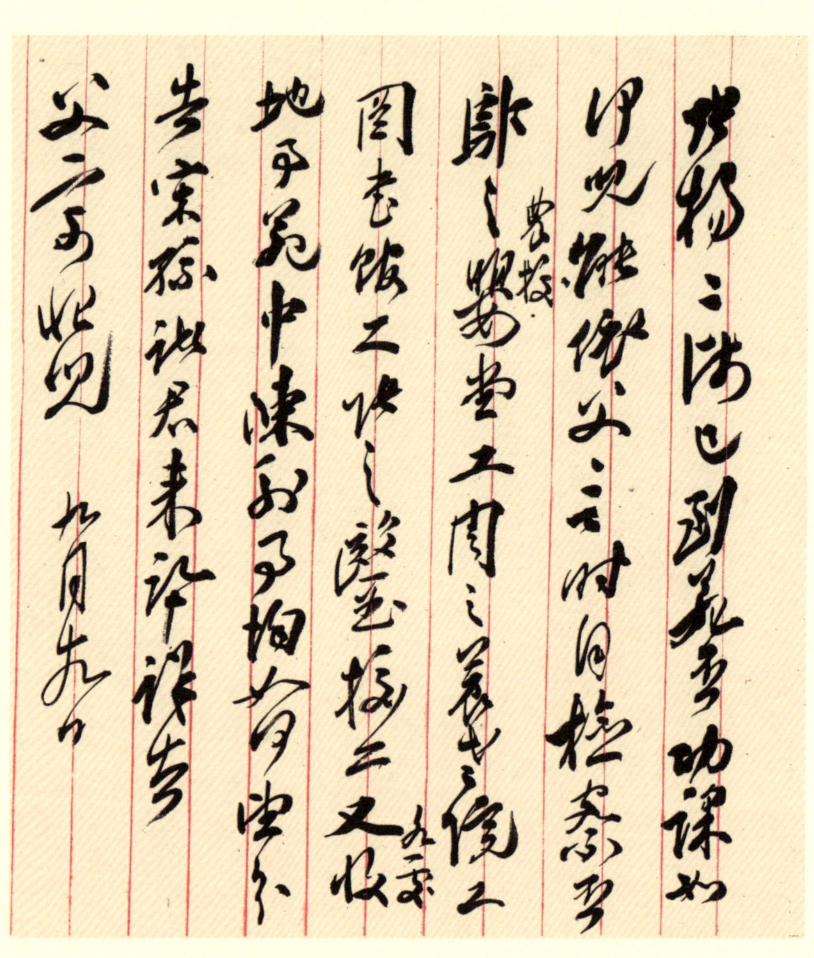

原文

张、杨二师已到苑否？功课如何？儿能依父言，时自检察否？邬之农校、婴堂[①]工，周之养老院[②]工、图书馆[③]工，张之医校[④]工，又各处收地事、苑中陈列事，均如何？望分告宋、孙诸君，来讯详告。

父寄怡儿。

九月十九日

考释

① 婴堂，指张謇倡导在南通唐闸设立的新育婴堂，1906年建成。在婴儿抚养和育婴堂建筑两方面，吸取了上海土山湾孤儿院的经验，其管理理念参照了土山湾孤儿院教养结合的模式。

② 养老院，1912年张謇移60岁寿辰宴客费用及亲朋馈赠，在南通城南建造养老院，以收容无依无靠的孤寡老人，后称为第一养老院。

③ 图书馆，张謇1912年私人创办，用南通城南东岳庙改建而成。

④ 医校，指张謇、张詧在南通城南设立的南通医学专门学校。

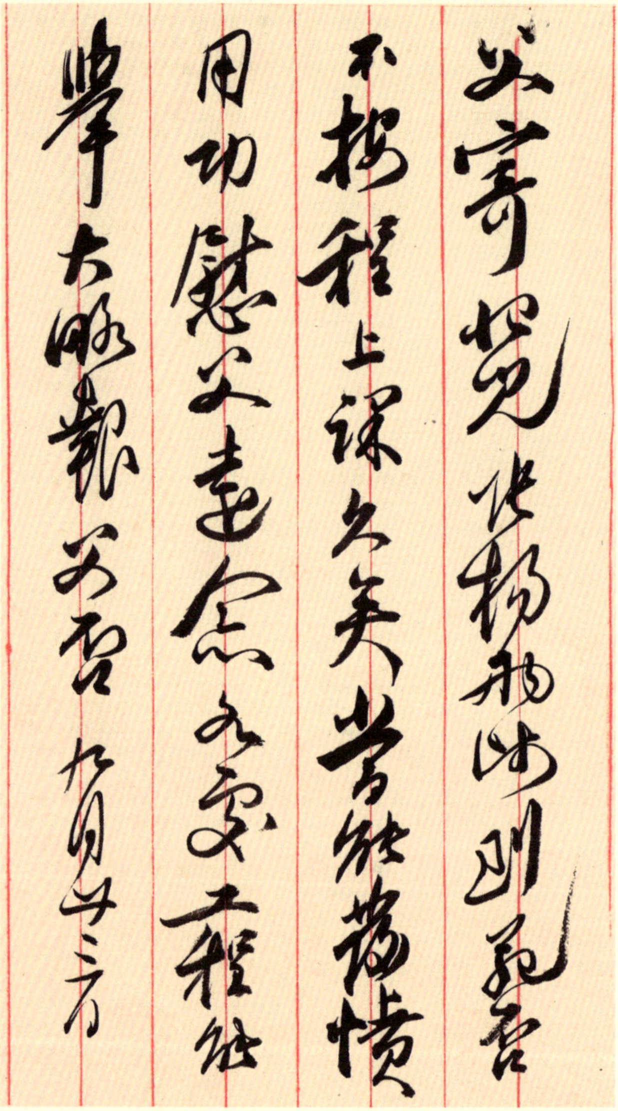

原文

父寄怡儿：

张、杨两师到苑否？不按程上课久矣，当能发愤用功，慰父远念。各处工程能举大略报父否？

九月廿三日

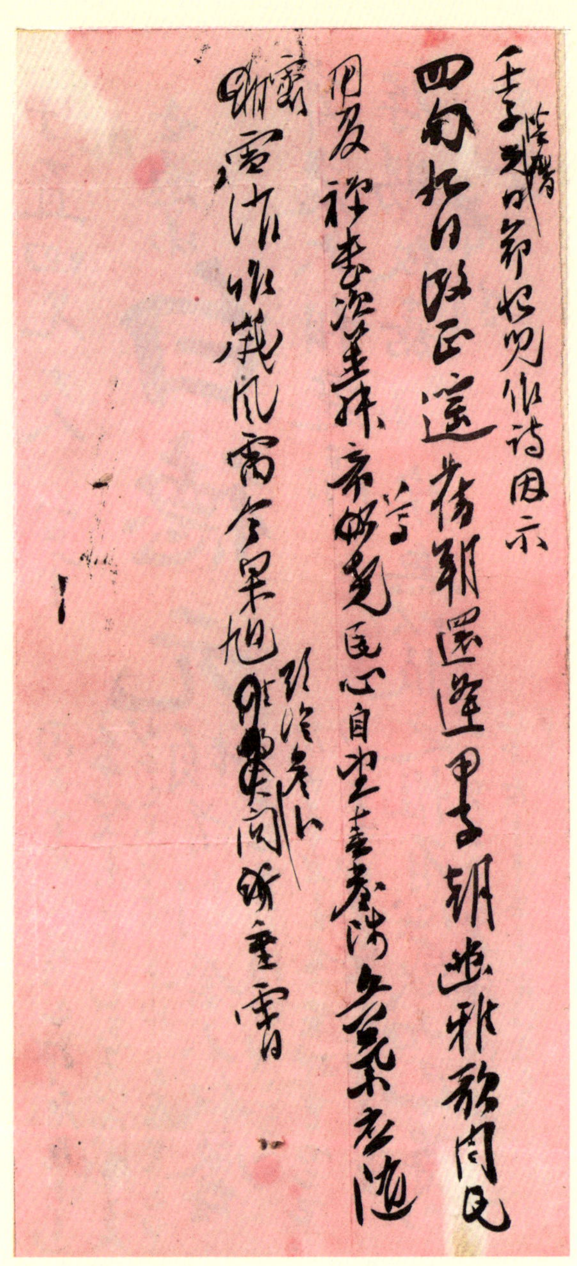

原文

壬子阴历元日[1]，命怡儿作诗，因示：

四旬九日改正遥，旧朔还逢甲子朝。

豳雅歌周民用夏，禅书咨舜帝尊尧。

民心自望春台涉，兵气应随霁雪消。

昨岁风雷今果旭，欲从詹卜问重宵。

考释

① 1912年2月18日。

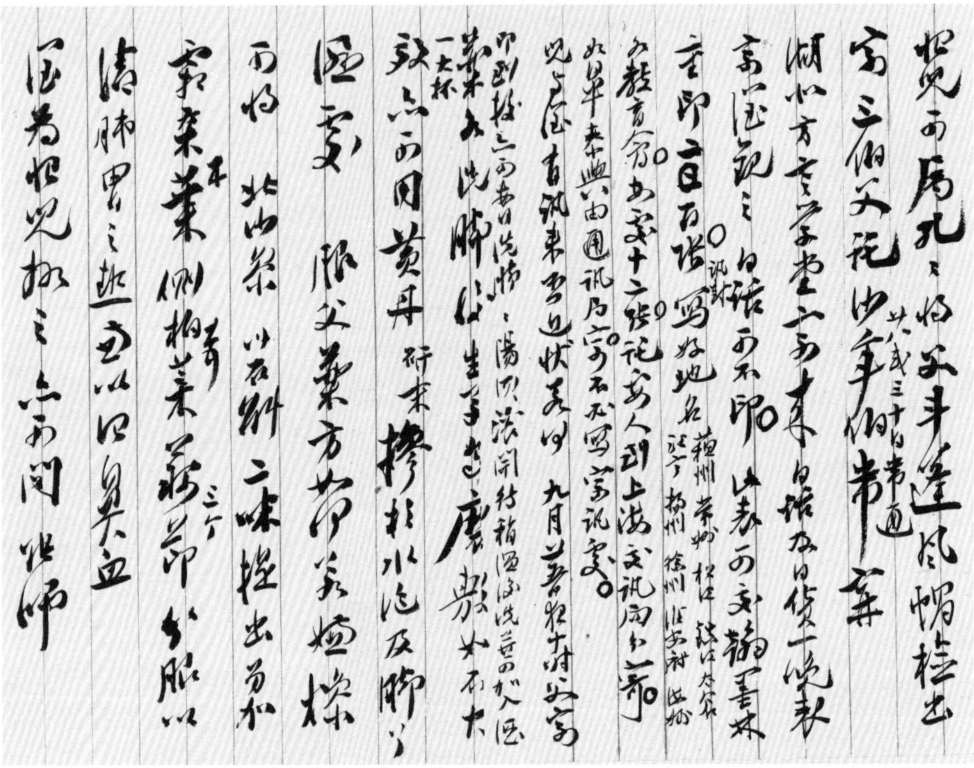

原文

怡儿：

可属孔孔将父斗篷、风帽捡出，寄三伯父，廿八或三十日带通，托沙年伯带宁。

湖北方言学堂[①]寄来《白话》及《日货一览表》，寄润观之。《白话》可不印，此表可交翰墨林重印二百张，讯封写好地名，苏州、常州、松江、镇江、太仓、江宁、扬州、徐州、淮安府、海州各教育会，每处十二张，托妥人到上海交讯局[②]分寄。如皋、泰兴，由通讯局寄，不必写寄讯处。儿与润有讯来否，近状若何？

九月廿五日夜十时　父寄

即到校，亦要每日洗脚。脚汤须滚开，待稍温后洗，并可加入酒一大杯。药水洗脚后，生草乌磨敷；如不大效，亦可用黄丹研末掺于水泡及脚丫湿处。服父药方如何？若嫌燥，可将北沙参、川石斛二味提出，另加霜桑叶一钱、侧柏叶一钱五、菜藕节三个分服，以清肺胃之热，兼以治鼻血。润为怡儿施之。亦可问张师。

考释

① 湖北方言学堂，光绪二十九年(1903)十一月开学，宣统三年（1911）二月停办。

② 讯局，即民信局，从事民间邮件传递的服务性行业。大约产生于明永乐年间，1934年被民国政府勒令停歇。

家中书云须为制一纱绵裤如

成望与冬衣同寄

父示怡儿　十月七日[illegible]

原文

家中前云须为结一纱绳裤，如成，望与各衣同寄。

父寄怡儿。

十月六日夜

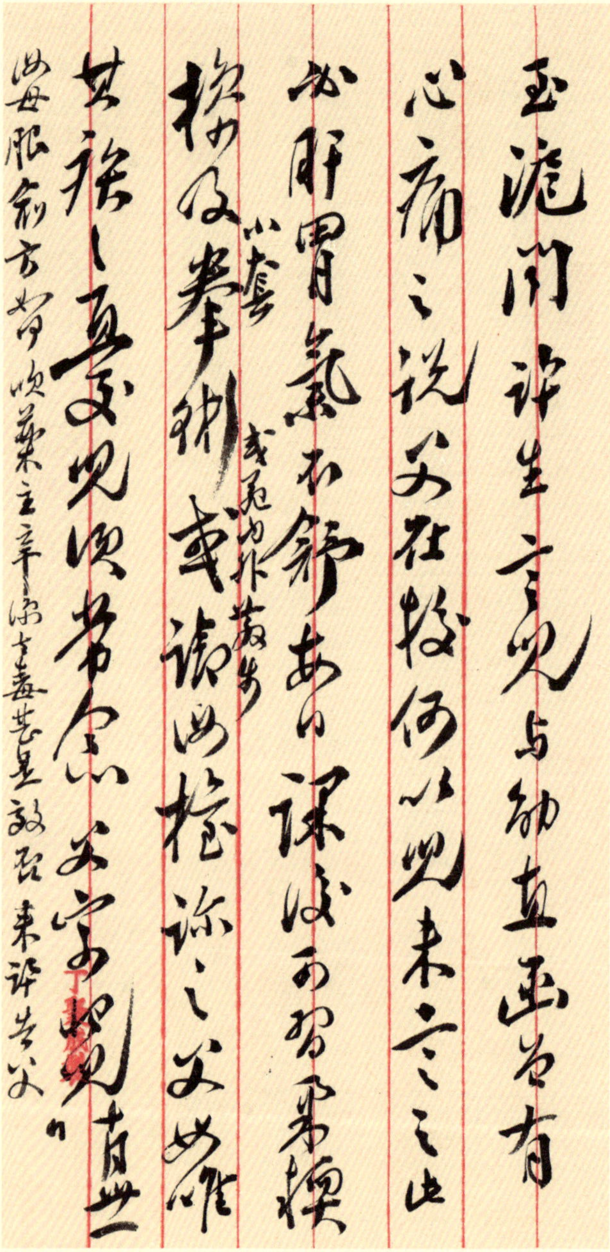

原文

至沪闻许生言，儿与劭直[①]函曾有心痛之说，父在校何以儿未言之？此必肝胃气不舒。每日课后可习柔软操及小套拳术，或苑内外散步，或请汝权[②]诊之。父母唯其疾之忧[③]，儿须常念！

父寄怡儿。

十月卅一日

汝母服俞方如何？吹药主辛凉，去毒甚是。效否？来讯告父。

考释

① 劭直，即束曰琯，张謇秘书。曾任《南通地方自治十九年之成绩》《张季子九录》编辑。

② 汝权，即俞汝权，中医。1917年在南通南门外模范街开设诊所，张詧、张謇等人为他撰写了《俞汝权先生医例》，刊登在1917年7月23日、8月18日的《通海新报》上。

③ 语出《论语·为政篇第二》：孟武伯问孝。子曰：父母唯其疾之忧。意思是：孟武伯向孔子请教孝道。孔子说：父母最担心子女的病痛。

怡儿

与汝母许，即送至十五号午后三时可与

三姊、伯母同行，附大德来沪轮赴西

见。新气好否为念。俟汝回家后，殊不

寂悯，时当有以娱之。学校读勿忘

费，按宿舍饭堂如何，宋先生函

告。父字 十一月十二日

原文

与汝母讯即送去。阳历十五号午后三时可与三姨、伯母同行。附大德[①]来沪就医。儿体气好否？为念。张师家况颇不宽，归时必有以助之，望转请勿念。农校宿舍、食堂如何？属宋先生函告。

父寄怡儿。

十一月十二日

考释

① 大德，即大德轮船。1905年张謇与李厚祐在上海筹建上海大达轮步公司，公司在十六铺建造了码头，大德轮船是公司的运营轮船。

怡儿：叶家房昨得十四日信，未有讯，并未收到丸药。此则公成之丸完矣。人之不可不实。即以舍胡不清如此，遂尽收见效。叔来者，三日即可成，亦久不见讯，又不知如何延误，特询。十二月廿五日

啬翁寄

原文

卫生药房顷得十四日尊素堂①讯，并未收到丸药，然则前成之丸，究竟使人寄何处？何以含糊不清如此？速查明见复。药膏三日即可成，亦久不见讯，又不知如何迟误？特询。

十一月十五日啬翁寄

考释

① 1903年张詧、张謇兄弟营造海门常乐镇扶海垞西垞新宅，东宅为张詧的敦裕堂，西宅为张謇的尊素堂。“尊素”典出《庄子外篇天道》：静而圣，动而王，无为也而尊，朴素而天下莫能与之争美。

儿稿不知送何处。舟过吴淞时
写稿，今译和柳寄儿，可细绎文
意，极须作文，能用彼而达情陈义
之法，其法在能达，能达也。廿日
父字怡儿

原文

儿稿不知遗何处？舟进吴淞[①]时写稿令泽初抄寄。儿其细绎文意，悟作文能周折而达情陈义之法，其法在能速，能断。

父寄怡儿。

廿一日

考释

① 吴淞，位于上海市北部，黄浦江注入长江口的西侧，为上海的门户。吴淞先后于1898年和1920年自主开埠，张謇在第二次吴淞开埠时担任督办。

勤学须有恒，不可或作或辍，功
课时间，俟父回与张、丁二师议之。
所需英文书何种，须询丁师开
示之。在此母十九日与父同回，四廿日可
到通。父谕怡儿 十一月廿六
古之人冠而字，以有之成人之礼而尊之
名也。今儿才十五，父未以称之也，对他人
书衣而遽称字，况于寄父之函而题
封以字乎？此关于礼教，不可不知。勤
笔须小心

原文

勤学须有恒，不可或作或辍。功课时间，俟父回与张、丁二师议之。所须英文书何种？须请丁师开示其名。汝母十九日与父同回，廿日可到通。

父复怡儿。

十一月廿二日

古之人冠而字，以其有成人之礼，而尊其名也。今儿裁十五，父虽曾为之字①，而未以命之也。对他人尚不可遽称字，况于寄父之函而可题封以字乎？此事关于礼教，不可不知。以后动笔须小心。

考释

① 张謇《柳西草堂日记》民国元年十二月二十四日（1913年1月30日）记载，“作怡儿字说，字怡曰孝若，寄翰墨林裱”。

延徐学舜习字甚善，四日致函收悉。

汝每日亦以七钟半起为宜，早起。

三伯父起居如常，但夜间夜眠不适。

饮食如故，黄亦可生疮，赖致目痛，须

且作书且安之。书不可多看也。

十二月二日　来件皆收到

原文

延徐紫峰治牙甚善，何日医好便回。汝母近亦治去病牙，恐尚有数日耳。三伯父起居如常，但右目、右臂不适。魏枝如[①]及黄亦可去沪就医。目前须且候黄电且定。

啬翁寄怡儿。

十二月二日[②]

来讯皆收到。

考释

① 魏枝如，张謇友人。

② 据张謇民国三年（1914）十一月三十日《致赵凤昌函》："顷儿子怡祖以医牙去沪，留令奉诣起居并与令子切磋年来之所学，以觇见进退，度已得承教益。"此信写于民国三年（1914）十二月。

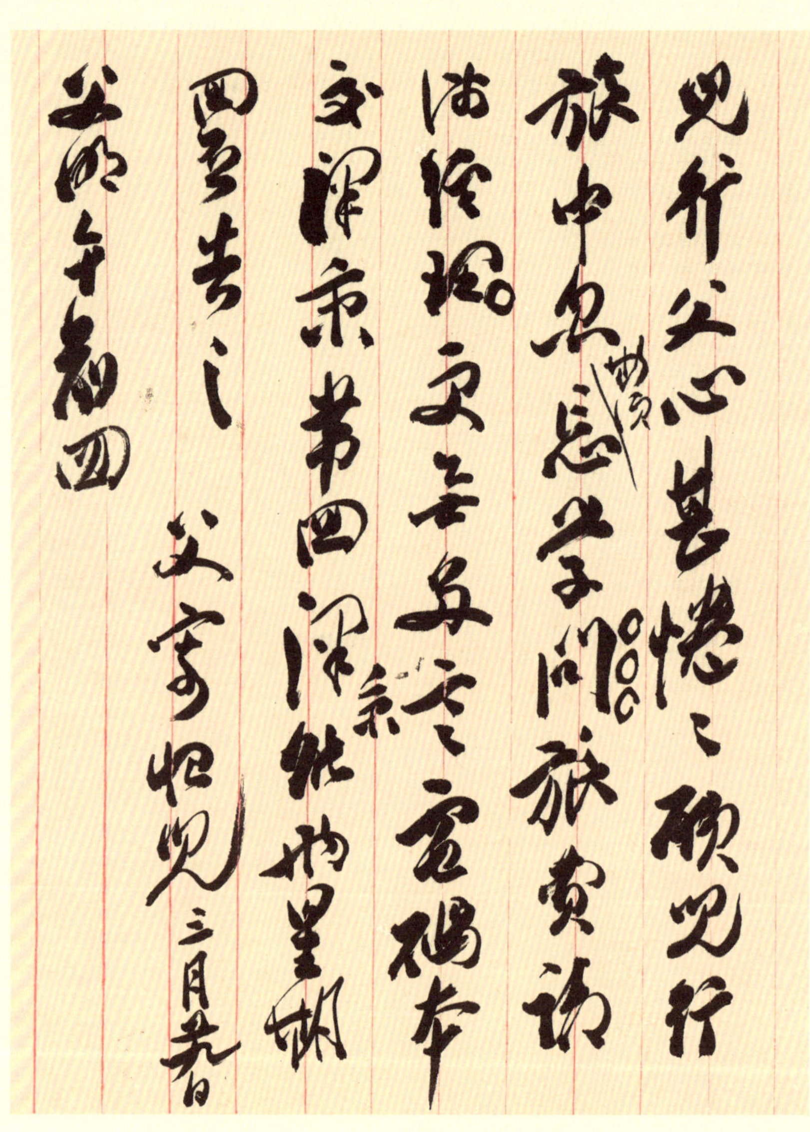

原文

儿行，父心甚惓惓。愿儿行旅中勿斯须忘学问。旅费请师①经理，更无多言。电码本交泽、秉带回。泽、秉②能两星期回否？告之。

父寄怡儿。

三月廿九日

父明午前回。

考释

① 师，即雅大摩司，美国人。据张謇《啬翁自订年谱》，1914年12月3日“徐家汇教会荐美人雅大摩司任小溪河石门种畜牧场技师”。后张謇聘其为张孝若的英文家庭教师。1915年张孝若随雅大摩司去澳洲选购羊。

② 秉，即薛骏，字秉初，常州人。1910年起担任张謇书僮、管家。后任更俗剧场经理。

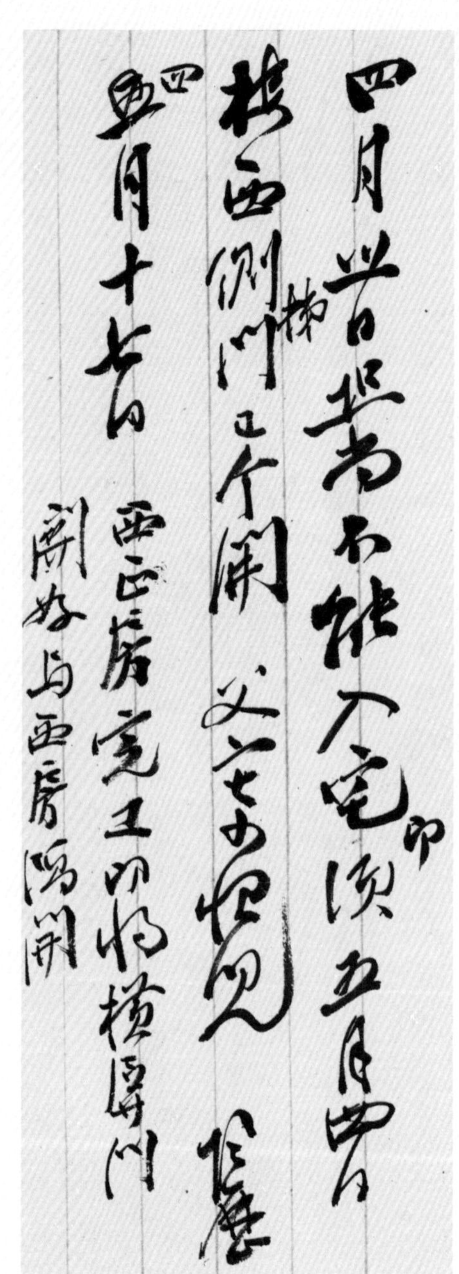

原文

四月卅日恐尚不能入宅①，即须五月四日。楼西侧梯门已令开。父寄怡儿。

阴历四月十七日

西正房完工，即将横屏门关好，与西房隔开。

考释

① 宅，即濠南别业，张謇在南通城的一处住宅，建于1914年，位于濠河南河沿、博物苑西北部。由孙支厦设计，形式仿北京农事试验场的畅观楼，是一幢四层砖木结构的英国式别墅。

函菜木并作一大包交儿写字帐房收。

儿顷所言亦为有乘儿为负徐氏戒烟

丸十四服至赶那星期之用并外函寄家

临于教育一人云係儿荐往来谈做谢

胡君于教育所云此人为诡诡父所见亦非矣

儿以后于文字切勿轻荐人此等事最须

以人不至荐以自累也 父示怡儿 四月廿六

原文

儿顷所言，亦多可采。儿为买徐氏戒烟丸[1]十四服，足应两星期之用，并外函寄家。（函药并作一大包，儿写寄帐房收。）昨于垦牧见一人，云系儿荐往者，请假逾期不去。垦牧斥之，此人尚哓哓，父明正其非矣。儿以后于各公司切勿轻荐人。此辈委琐小人，不足荐以自累也。

父寄怡儿。

四月廿二日

考释

① 徐氏，即徐锡骥(1883–1953)，字季荪，徐锡麟弟。曾任浙江戒烟局局长兼技正。张謇、汤寿潜在1913年3月7日《申报》上刊登《上海新药戒烟社》，推荐徐氏研制的戒烟丸。

又體宜勤動，不宜用過當之力。游戲擊球，亦須有節。睡宜十一時以前，十時尤善；起宜六時，五時尤善。病勿輕服藥，尤勿輕服西藥。怡兒謹記之。

父諭 四月廿日

原文

支体宜勤动，不宜用过当之力。游戏、击球，亦须有节。睡宜十一时以前，十时尤善。起宜六时，五时尤善。

病勿轻服药，尤勿轻服西药。

怡儿谨记谨记！父谕。

四月廿二日

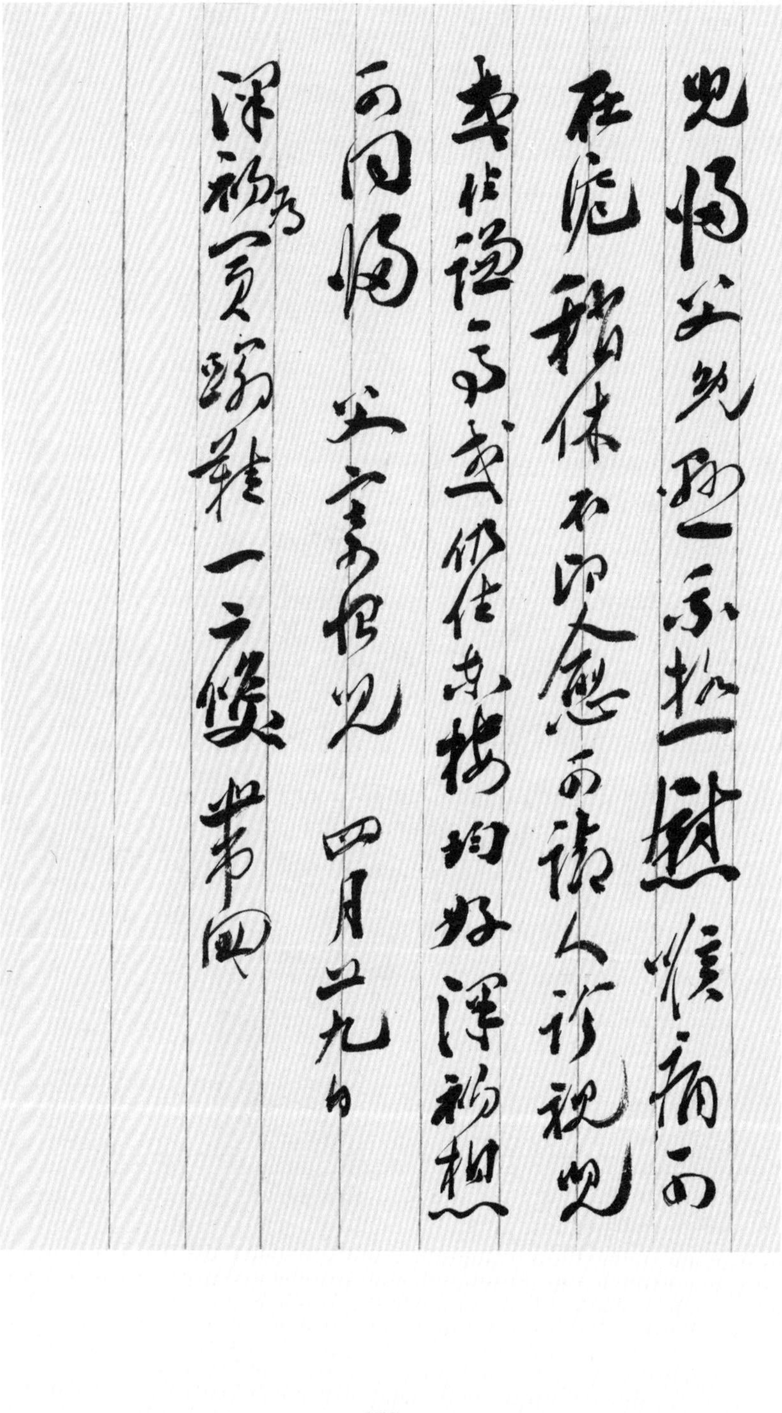

原文

儿归，父免悬系，极慰。喉痛可在沪稍休，不即愈可请人诊视。儿或住谦亭或仍住东楼[①]均好。泽初想可同归。

父寄怡儿。

四月廿九日

泽初为买趿鞋一二双带回。

考释

① 东楼，指花竹平安馆东楼。

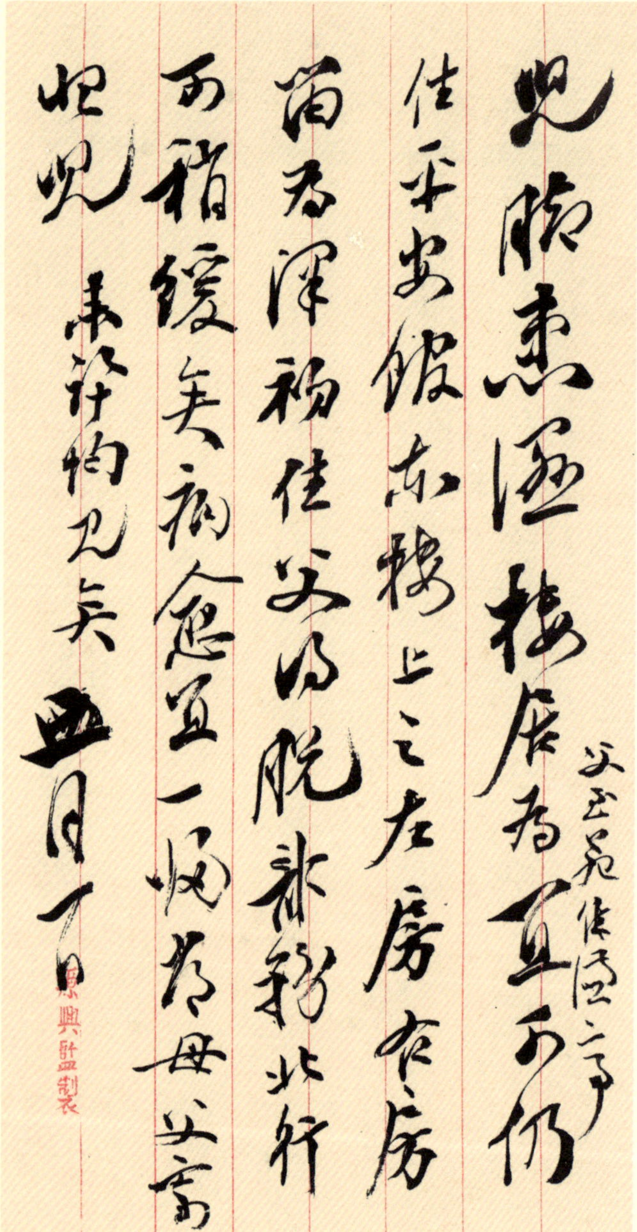

儿颇惠涵楼居为宜，可仍住平安馆东楼上之左房，右房留为泽福住。安得脱冰稍北行，可稍缓矣。福念宜一慰，为母安[illegible]

[illegible]

怡儿

来示均见矣

四月十日

[illegible]

原文

儿脚患湿[①]，楼居为宜（父至苑，住谦亭），可仍住平安馆东楼上之左房，右房留为泽初住。父得脱部[②]务，北行可稍缓矣。病愈宜一归省母。

父寄怡儿。来讯均见矣。

五月一日

考释

① 民国四年（1915）五月十二日张謇在《致赵凤昌函》中提及："儿子昨随师游澳及小吕宋，以病湿即返。闻在沪足不良于行，未能起居长者。"

② 部，即北京政府农商部。张謇于1913年10月入京，任农商部总长。12月任全国水利局总裁。

吾非南通女学根本者，成於吾张氏吾母金太
夫人之贤，固闻於通海中，徐夫人能继之者，幼
称固常乐以小学，吾已传矣，还为与仁祖设成
师夫人之常业，当小而扬姊太之念成功非有二
吾门妇女能向善而慕，继而无愆吾兄
母任女学校附属之艺学科 拟名曰女子育艺传习所
学者生则吾与之大约于园内外，其地即在女校
西园墙外约长 南北 十五丈，东西 广六丈余，长者旧
屋三间修而葺之 筹高须八尺五寸或六尺广则仍其旧 南通特起教
学理室五间 一榜书室 一习绣功课室 三教室 课室又广[illegible] 中实厅三
间，左右间皆可以范中洗妆，楼屋凑之，坡若而
不多也，儿可先为女学之，其女校中之妇能[illegible]
将来艺与画当合任之
今厥行明可，至校浙传一日即去[illegible]回日
父啬翁谕儿 五月四日

原文

吾欲南通女学根本，皆成于吾张氏。吾母金太夫人之贤，固闻于通海；幸徐夫人能继之，有幼稚园①、常乐男女小学②，差足传矣。退翁与仁祖③复成邵夫人之常乐高小④，而杨姨太太亦成幼稚第二⑤。吾门妇女能向善而慕德，可喜也。吾意欲儿母任女师校附属之蚕学科（拟名曰女子育蚕传习所）。资不足，则吾助之，大约千元内外。其地即在女校西围墙外，约长（南北）十五六丈，广（东西）六丈余。本有旧屋三间，修而葺之（檐高须八尺五寸或九尺，广则仍其旧）；南边特起教学理室五间（一标本室，一预备功课室，三教室。深二丈，广每间一丈余）；中实习室三间或五间皆可。以苑中沈姓旧屋凑之，故费可不多也。儿可先为汝母言之。其女校中之妇医，则将来当与退翁合任之。

今日仍夜行，明日可至板浦⑥，停一日即去灌河口。

父寄怡儿。

五月四日

考释

① 幼稚园，即南通私立第一幼稚园，园址在唐闸，1913年张謇以夫人徐端名义创办。

② 常乐男女小学，包括张氏私立初等小学、张徐私立长乐第三初等小学、张徐私立女子小学。

③ 仁祖，即张敬孺（1881—1918），张詧之子。

④ 常乐高小，即张邵高等小学校。1914年，以张詧夫人邵氏遗资开办。

⑤ 幼稚第二，即南通私立第二幼稚园，又名张杨私立第二幼稚园。1914年由张詧夫人杨氏捐资，就南通女子师范学校隙地建成。

⑥ 据张謇《柳西草堂日记》民国三年四月三日（1914年4月27日），张謇“与荷工程师贝龙猛同勘淮河，由唐闸启行，水浅，连夜行”。“十二日，十一时至板浦，住总场长公署。”

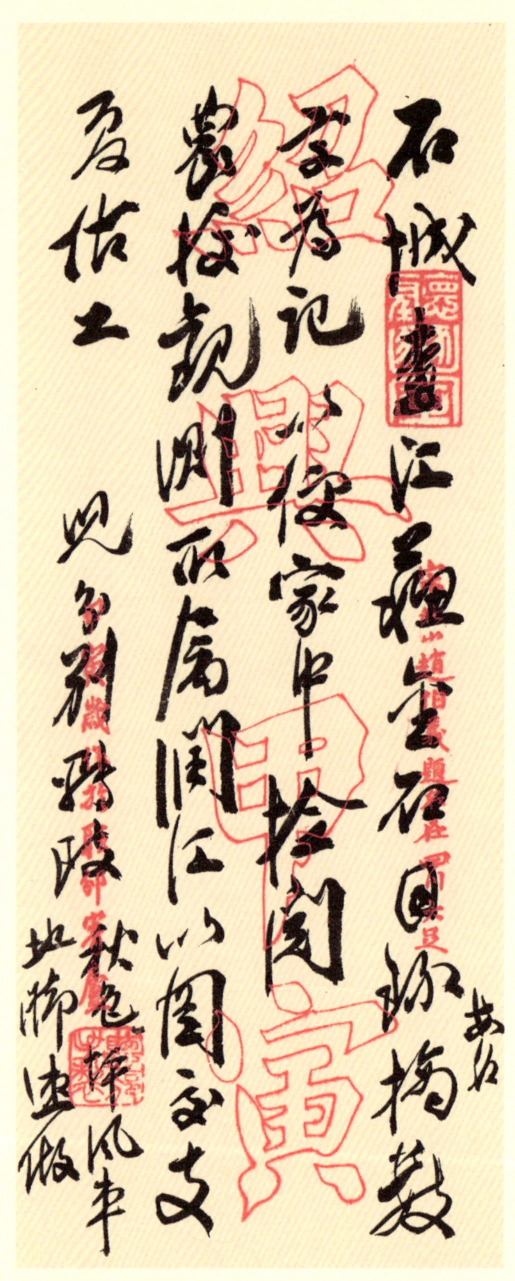

原文

石城查《江苏金石目录》，每名摘数字为记，以便家中检阅。农校观测所属润江[①]以图交支夏[②]估工。儿分别转致。秋色坪、风车地脚速做。

考释

① 润江，即孙观澜（1885—1918），字润江。江苏泰兴人，曾任农校主任。

② 支夏，即孙杞（1882—1975），字支夏，通州（南通）人，建筑师。设计有江苏省咨议局、通崇海泰总商会大楼、濠南别业、更俗剧场等建筑。

父訓卷二

時旅青島大學

张孝若在青岛特别高等专门学堂求学期间收到的父训

父寄怡儿：本日午后泽初至沪，急投概况
及儿所入之科，儿知之矣。昨郑世兄知其第三子字
克已，去于阴历初旬去岛，阅其毛笔画极
能用工，应考第一二。云儿可访与儿面。父与郑世
兄交好近三十五年，当在与许世兄父之前。文字
道义相资，及交谊相关。郑世兄当亦知此。二子
儿可与交，亦须以文字道义相为也。择友
虽不易，然儿能自主，能择友，要在不能成
学。父童时自十岁以前在村塾所与交者皆
强勇之儿，童也。儿一意自勉，上课后即来讲，从
每月朔许作文，则写文稿来，并须有评点。
与母及三伯父，并存投之计实，须有存付之手
续。除书以楷外，勿滥用。儿常展写，说观之知
儿父矣。二月廿日

原文

父寄怡儿：

本日午后泽初至沪，岛校[①]概况及儿所入之科俱知之矣。晤郑世叔[②]，知其第三子字克己者于阴历初六日去岛，闻其毛笔画极能用工，屡考第一二云。儿可访与见面。父与郑世叔交好近三十五年，尚在与许世叔[③]交之前。文章道义相资，忧乐相关，郑世叔当亦知照其子。儿可与交，亦须以文章道义相资也。校风虽不善，若儿能自立，能择友，安在不能成学？父童时自十岁以前，日在村塾，所与处者，皆顽劣之儿童也。儿其自勉。上课后即来讯，以后每月两讯。作文则寄文稿来，并须有讯慰汝母及三伯父。钱存校会计处，须有存付之手续。除书籍外，勿浪用。儿常展《字说》观之，如见父矣。

二月廿日

考释

① 岛校，指青岛特别高等专门学堂，又称德华大学，由中德两国政府合资兴办，是中国教育史上第一所中外政府合办的大学。1909年开办，1914年停办。1913年2月张孝若赴该校就读，6月回南通，9月改学于上海的震旦学院。

② 郑世叔，即郑孝胥（1860—1938），字苏戡，又字太夷，福建人。张謇与郑孝胥1880年相识，在张謇创办大生纱厂过程中，郑孝胥给予很多支持和鼓励。郑孝胥是大生纱厂股东，也是官股代表。张謇与郑孝胥曾共同参与了清末立宪活动。郑孝胥1932年任伪满洲国国务总理。

③ 许世叔，即许久香（1857—1915），名鼎霖，字久香，江苏海州人，清末实业家，大生纱厂股东。

怡兒讀來函即悉寄來之詩
可知父之至意父亦至念兒須
以來詳報況詳述詩尚能作
否無中氣依如父字怡兒
二月廿四日

原文

盼儿讯不至，何也？寄去二诗，可知父意？三伯父亦至念儿。须即来讯，校况详述。诗尚能作否？岛中气候如何？

父寄怡儿。

二月廿四日

得儿来禀父心甚慰惟已览儿禀之遍谕
慰父母之道须计何时常常三五日之作禀
报告到校后期儿须知儿去之后父心无之而
知汝母及伯父之心亦无之也伯父因主儿太小故
关心于儿尤切以后来禀须报告学校状况
及所学进步如何。每日功课除国文课甚重
要外英文儿亦有文法习如国文须自於生
期或课余温习勿使荒废。子夏所谓日知
其所无月无忘其所能也。对教习须温敬。
对同学须谦谨。闻童世兄颇老成许世兄颇
朴静儿须取朋友之所长。父初作客时孤
寂如儿今日儿今亦有益矣儿须自重自
爱。○○○此家书二诗儿能谨念父意否著
此可试和之寄回父为改好寄去
父力辞议长计世兄等之外间议论甚多
不知非父本意也父今晚回通舟中写此不作误
长可稍省力矣　父示怡儿　正月廿一日
一家中平安　三伯母廿八日七十生日儿与伯父禀须及之

原文

得儿来讯，父心甚慰，惟已觉儿讯之迟。论慰父母之道，杨、许[①]归时当带三五句之便讯，报告到校日期。儿须知，儿去之后，父心悬悬；可知汝母及伯父之心，亦悬悬也。伯父因立儿[②]太小，故关心于儿尤切。以后来讯须报告身体状况及所学进步如何。看功课单，德文课甚重，并无英文。儿口音、文法何如？国文须自于星期或课余温习，勿使荒落。子夏所谓“日知其所无，月无忘其所能”[③]也。对教师须温敬；对同学须谦谨。闻童世兄颇老成，许世兄颇能干，儿须取朋友之所长。父初作客时孤寂如儿，今日儿今去家益远，儿须自重自爱。昨寄去二诗，儿能体会父意否？若有暇，可试和之寄回，父为改好寄去。

父力辞议长，许世叔当之，外间议论甚多，不知非父意也。父今夜回通，舟中写此。不作议长可稍省力矣。家中平安。三伯母十六日六十生日，儿与伯父讯须及之。

父寄怡儿。

二月廿六日（正月廿一日）

考释

① 杨、许，即杨仲达、许泽初。杨恩湛（1878—1937），字仲达，江苏常州人。1899年就读湖北自强学堂英文班，1903年赴美留学，1910年获宾夕法尼亚大学理学学士学位。1915至1919年任清华学校中文教务长，后任驻美大使顾维钧秘书，南京国民政府成立后离开外交部从事工商业。

② 立儿，即张立祖（1911-1995），字敬礼，张詧之子。

③ 语出《论语·子张篇第十九》：日知其所亡，月无忘其所能，可谓好学也已矣。意思是：每天都学习自己以前不知道的，时时复习不要忘记自己以前所学的，这样的人就可称为好学了。

儿来谕今日始由南京张到。谕中错字有次

似改者：第一行"特可快车"四字可不注，因係父自

送以督车也。第六行"皆不速""速起"，向"起"字当改属字

属西。第二行"不敌一举一动者"，向"举"字"敌"，或改"不敌安举千安动"

或改"安敌安举千安动者"。第五行"其甚为广东人"，向当

改"家甚为广东人"。谕内未书日，谕外所书十五日，按

之乃阴历书日，适相谕外相谕内书阳历，谕内更阴阳历兑

书。谕西字好，谕内字行次为佳。豫科不可写

作预科。豫者本前也，预于共与也，非于预也。

原文

儿来讯今日始由南京转到。讯中字句有须修改者：第一行“特别快车”四字可不注，因系父自送登车也。第六行“皆不连起”句，“起”字当改“属”字。反面第二行“不敢一举一动者”句，或改“不敢妄举妄动”，或改“无敢妄举妄动者”。第五行“其甚为广东人”句，当改“最甚为广东人”。讯内未书日，讯外所书十五日，按之乃阴历十五日。应于讯外书阳历，讯内或阴阳历并书。讯面字好，讯内字行次高低。“豫科”不可写作“预科”。“豫”者，事前也；“预”者，与也，犹干预也。

父谕识长推让久著，外人不知，横生訾
议久矣。今日亦到敝让足可也。世变
未知所届，惟守正而处中，然后可以不随不
激。此种道理，易经家言，闲一检课，因
之亦读是书，然儿可服膺之矣。此番
北因看母，若来城，十日而归，家中平
安，勿念。
三月三
谕

原文

父逃议长，推让久香，外人不知，横生訾议[①]。久香今日亦到厂谈此事也。世变未知所届，唯守正而处中者，可以不随不激。此种道理，《易经》最富。闻岛校课，国文亦读是书，然则儿可略窥之矣。汝母前日因三伯母生日来城，十日而归。家中平安勿念。

三月三号

考释

① 1913年2月22日，江苏省议会选举议长，张謇未到，由许久香为临时主席。许久香得78票当选议长，张謇得74票。

今晚连得儿初十禀，甚慰。许世兄昨到通，父
即告之，勤耐亦勤告，女和意人，勿再作无谓之
闹。不知彼能否策议院，父亦静矣。日前谘绶
发表世道日趋于乱，人心亦趋于恶，君子变
之嗟，予半已决退，儿亦须自务能体父所言
儿受人须时时记定孔孟家而就仁一语，尤须记
读孟子一经所谓论语孟子传的一二语，深于交
用而要也。本日勿以黄人物，勿随众浪掷而责之所
谓作之益者，益儿须留心。晚境，儿之胡涂
（儿去之后数日，为有传父去之志）
在此时也。昨闻人云张某因去年置乘大失败，故逃去
青岛，又有人言张某儿子嫖赌，得不了，故令去青岛
父闻之如叹，继而忧，既而知其可忧，则亦在此宜
此种奇谤，又十有一二也，吾不败人心之业，破坏
闻之人不必别表，此为要，所谓小人也，小人为则世界矣
儿亦体之哉。亦勿谤人也。家中勿每以下切要，好勿念儿
切须自重。昨日大雪晴矣。父示怡儿 三月九日

原文

今晚连得儿两讯，甚慰。许世叔昨到通，父劝其暂耐。亦劝告共和党人勿再作无谓之哄。不知听否？参议院父亦辞矣，目前稍缓发表。世道日趋于乱，人心亦趋于恶，君子处之，唯有中正澹退。儿若观《易》，当能悟父所言。儿处人须时时记定“泛爱众而亲仁”一语。尤须记“谨而信”[①]一语。所谓《论语》《孟子》，信得一二语，便终身受用不尽也。平日勿雌黄人物，勿随众浪掷可贵之时间，作无益，害有益。儿须思父之晚境，儿之朝境，悉在此时也。昨闻人言，张某因去年实业大失败，故逃去青岛（儿去之后数日，尚有传父去岛者）。又有人言，张某儿子嫖赌得不了，故令去青岛。父闻之始而叹，继而惧。叹其无知耳。惧则无此事尚有此种奇谤，若十有其一二，岂有不败！人心乐破坏，闻言人不善则喜，此昌黎[②]所谓小人也。小人多则世乱矣。儿其懔之哉！亦勿语人也。家中汝母以下均安好，勿念。儿切须自重。前、昨日大雪晴矣。

父寄怡儿。

三月九日

考释

① 语出《论语·学而篇第一》：弟子，入则孝，出则悌，谨而信，泛爱众，而亲仁。意思是：年轻的人们，在父母跟前要孝顺父母，离开自己的房子就要敬爱兄长，谨慎恭敬而且诚实守信，广泛地友爱众人，亲近具有仁德的人。

② 昌黎，即韩愈（768—824），字退之，河南河阳人，世称韩昌黎，唐文学家。

十日函到，俄而王伯父函来，备极细

悉。初八日许前见儿许有时写西札之

说，在家与儿母言之，怕儿贪凉受寒，因而

变病，儿母谓必须即有许戒，勉不忘家范，

远虑之日，即儿受寒感疾之日。儿既知

塞地寒，何以不小心？经云父母惟其疾之

忧，则凡饮食起居，更宜留意之道，以

致疾之害不胜枚举，儿今体愈，正足为戒，须

必小心。以外致疾之事，尤须时时回念自身

关系之重大，小心谨慎。其积之说，风传已

久，然不足虑，亦未必有此事，一岁南北张

文甚多大半以所傳紙出於七十八炎紫禄
老之口不足深信然由此可推見七十三歲識人
之為何父頌文均未識其姓名在家所呈閱
稍為安定女生於二月卯吉能收更四吉卯
古道淮陽二十左右上墳之十一二仍到家膝座
照頌一古處也許世姪家父自有論世許
世姪母前為兒而以母之道論前前兒相
家之女孫勝自撫家而切頌唐 二月十二日
父之所切見
他人知父而稱室兒好學致品。則父
益之至。否則父印亦益何必取耳。
故有農學兒兩函今由來撥今閏江古急切

原文

今日至分厂[1]，得三伯父转来岛校初四、初八日讯。前见儿讯，有时穿西衣之说。在家与儿母言，怕儿贪凉爱爽，因而受病。儿母语父，须即有讯戒勉。不意家庭远虑之日，即儿受寒感疾之日。儿既知岛地寒，何以不小心？经言："父母唯其疾之忧"，则凡饮食起居、交游闲适之足以致疾，无不赅括。儿今虽愈，正足为戒，后必小心。此外，致疾之事，尤须时时回念自身关系之重大，小心谨慎。粤、赣之说，风传已久，然不足虑，亦未必有此事实。南北谣言甚多，大半以讹传讹，出于幸灾乐祸者之口，不足深信。然由此可推见无意识人之多。父顷又将参议员[2]辞去，在家两星期，稍得安处。在此二日，即去垦牧，更四五日即去通，阴历二十左右上坟。二十一二仍到家。阴二月底恐须一去沪也。许世叔处，父自有讯去。许世叔母前，儿可以父母意道谢。前命儿抄寄之文稿，暇日抄寄可也。

阳历三月十三日父寄怡儿

德人知父而称重儿好学敦品，则父益重。否则父即重何益，何况取轻？校有农学，儿可留意。将来拟令润江去参观。

考释

① 分厂，即大生分厂，又称大生二厂，建于崇明外沙久隆镇（今启东）。1904年张謇、张詧为分厂招股。1907年落成并开工投产。1935年清算。

② 参议员。1912年12月至1913年3月，中华民国国会选举，共选出参议员274名，众议员596名。1913年4月8日，第一届国会在北京正式成立。

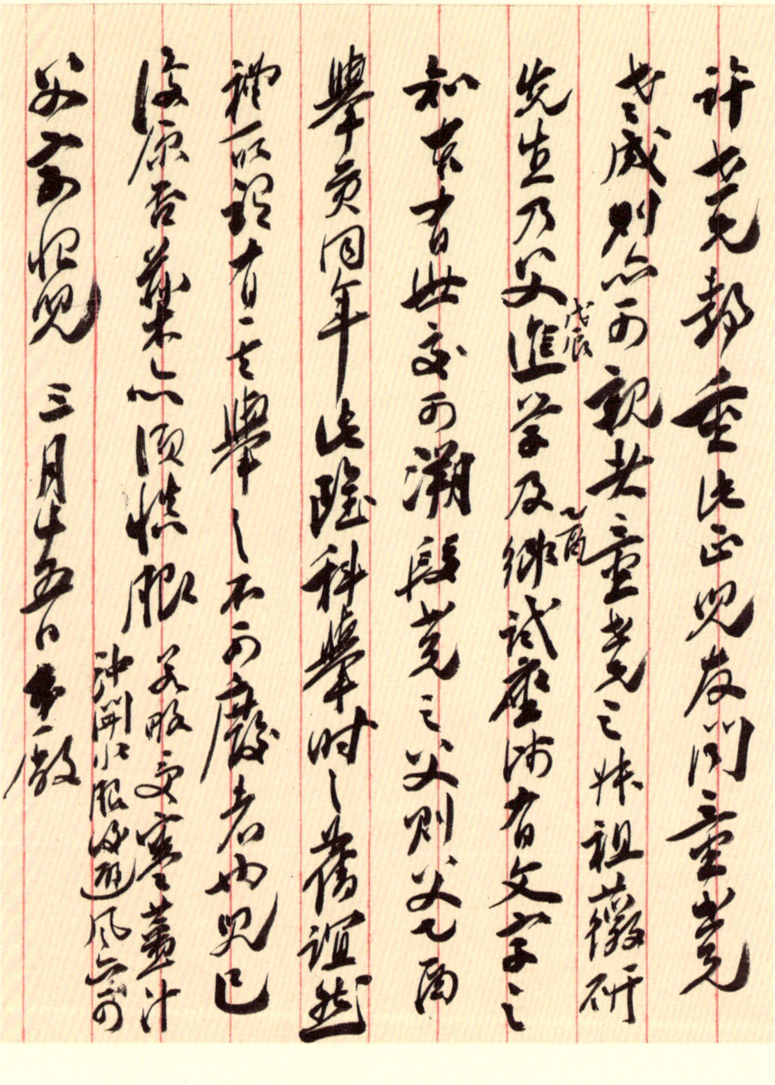

原文

许世兄静重，此正儿友。闻童世兄老成，则亦可亲者。童世兄之叔祖薇研[①]先生，乃父戊辰进学及乙酉乡试座师，有文字之知，本有世交可溯。段世兄之父，则父乙酉举贡同年。此虽科举时之旧谊，然《礼》所谓有其举之不可废[②]者也。儿已复原否？药亦须慎服（若略受寒，姜汁冲开水，服后避风亦可）。

父寄怡儿。

三月十五日　分厂

考释

① 薇研，即童华（1818—1889），道光十八年（1838）进士，浙江鄞县（今宁波）人，字惟充，号薇研，光绪年间曾官至礼部侍郎。

② 语出《礼记·曲礼下第二》：凡祭，有其废之，莫敢举也；有其举之，莫敢废也。意思是：凡祭祀的对象，有的早已废止，那就不敢举祭了；有的仍在举祭，那就不敢擅予废止。

怡儿：得儿禀[illegible]，父甚喜慰。儿儿之许

节，父病，父为[illegible]恻。自儿嫡母之去世，父在

外者一日不忘及儿之学问、德行、体气，尤尤父之

矣。儿一人为父之代，如儿如今日学已毕

一事。值父出入五年，里有而以兼要，然非

至美，而有宽来张又当此倾衰之世，不学

识，实难自持而立，要是相互，授使儿孙

子孙，父亦有不得已者在也。父昔年十四与

三伯父、四哥学于西亭，十二年三伯父即归，父遂

一人往西亭从此。孙子为修家之始，至今四十余年

矣。儿须知不难知一国之大，故力其不难定一乡

须儿安心学[illegible]，果为心起居，百勿令贵荣虚废。太

过，至乳母止安，经者一老人，儿经已怪四女将

父即放心，此非父之嫌儿，望儿者一时之失而为

難也。前寄儿数之文，父之爱之，儿宜为而[illegible]之。搬送报馆，以求识诵世

自勉，以安父为至。父字示怡儿 三月十六

原文

昨日得儿摄影，父甚喜慰。见儿之讯，如何又病？又为酸恻。自儿孃孃去世，父在外无日不念及儿之学问、德行、体气。父老矣，只儿一人为父之代也。儿如今日学已毕业，随父出入数年，早夜可以聚处，岂非至美？而事实未能。又当此倾乱之世，若无学识，奚能自持？而近处又无相宜之校，使儿孤身远客，父亦有不得已者在也。父昔年十四，与三伯父寄学于西亭，第二年三伯父即归，父遂一人在西亭，从此为孤身作客之始，至今四十余年矣。儿须知：不能知一国之大势者，不能处一乡。愿儿安心学业，留心起居，万勿贪凉爱爽太过。至孔某云云，止要确有其人，儿确已收回文稿，父即放心。此非父之疑儿，恐儿有一时之失，而为难也（前为儿改之文，父爱之，拟送报馆登载以讽世）。儿何为而郁郁？幸善自养，以安父为重。

父寄怡儿。

三月廿日

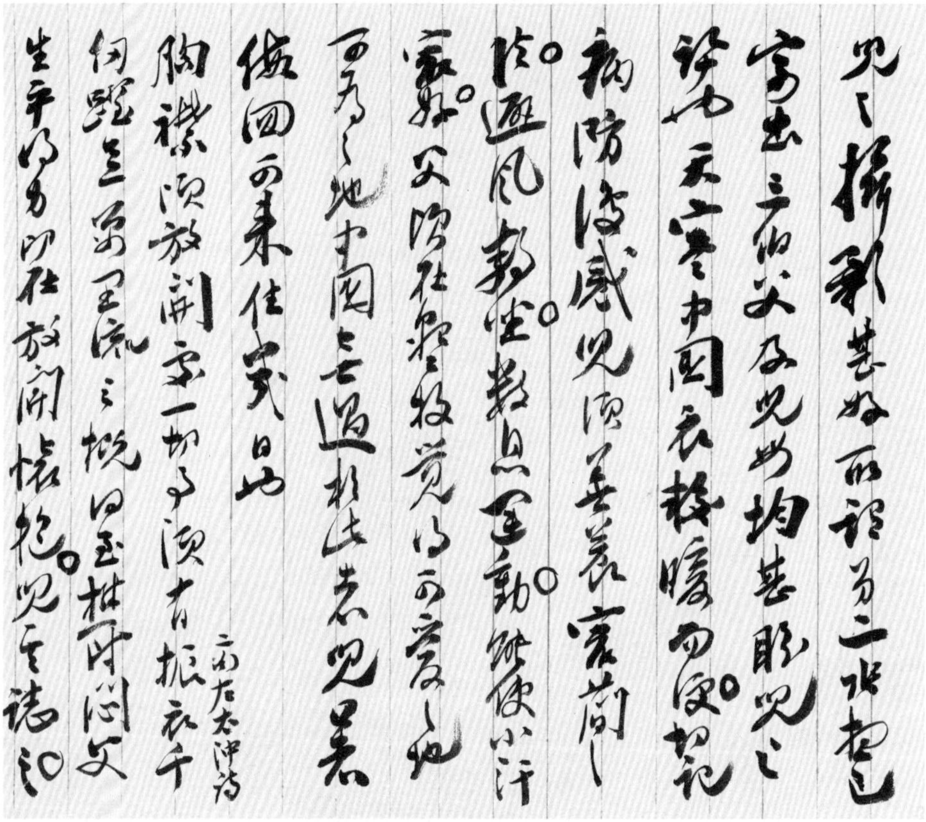

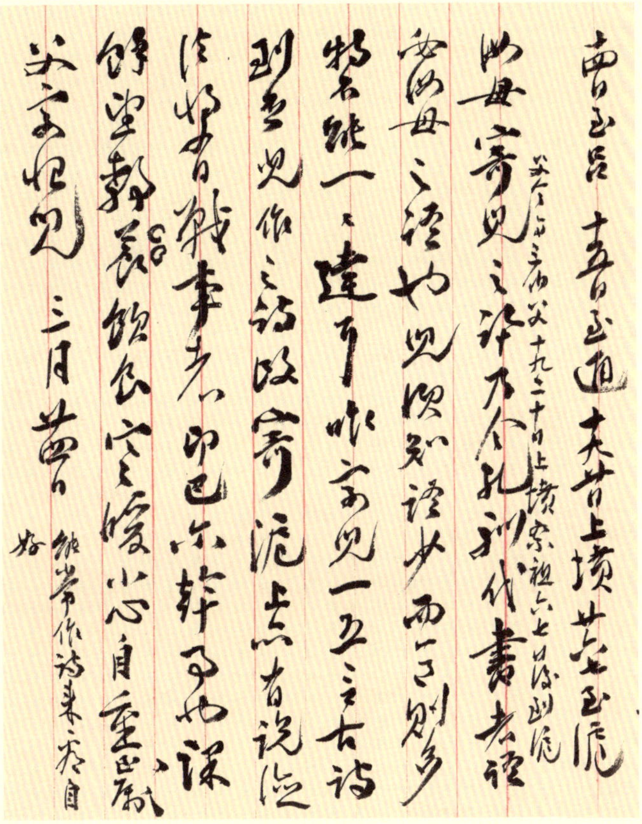

原文

儿之摄影甚好，所谓另二张想已寄出？三伯父及儿母均甚盼儿之讯也。天寒，中国衣较暖而便，切记病防复感。儿须善养，最简之法，避风静坐，数息运动，能使小汗最好。父顷在垦牧，觉得可爱之地，可为之地，中国无过于此者。儿暑假回，可来住几日也。

胸襟须放开，处一切事须有“振衣千仞，濯足万里流”（二句左太冲诗）[①]之概，何至郁闷？父生平得力即在放开怀抱，儿其志之。

十四日至吕，十五日至通，十九、廿日上坟，廿六七至沪。

父今与三伯父十九、二十日上坟祭祖，六七日后到沪。

汝母寄儿之讯，乃令孔驯代书者，语必汝母之语也。儿须知语少而意则多，特不能一一达耳。昨寄儿一五言古诗，到否？儿作之诗，改寄沪上。亦有说德、法将有战事者，即巴尔干事也。课余望静养。饮食寒暖，小心自重。至属。

父寄怡儿。

三月廿四日

能常作诗来看，自好。

考释

① 应为“振衣千仞冈，濯足万里流”，语出左思《咏史》其五。左思（生卒年不详），字太冲，山东临淄人，西晋武帝时官至秘书郎。左思存诗仅十四首，其中《咏史》八首是其代表作。

父寄怡儿：得儿十七日谕，为之怡然。父昨（父廿九日来信）
又寄廿一谕及此儿之诗，乎晚当收到。父岂（亦嘱父四月三日亦来五日六日即回）
不欲儿常在侧？顾世事日变，非有常识（学问）
不能有（学问）常识，即不能有教育。生居今之世，
无学问常识，教子也，即能觉至于人者，
能以事也，即能代父，故不得不使儿阅历辛
苦，长成人，极好归而从事于实业教
育二途，以教父之志，此父之苦心也。亦汝父
安为父之立见，尤小须儿学成而归，乃能教
之，此同上由西事通物之绩，老先市舟中
之之惜然，且念及大房诸子之不善，非儿（学问）
吾教之，不足以自卫也。仁祖今年人练习

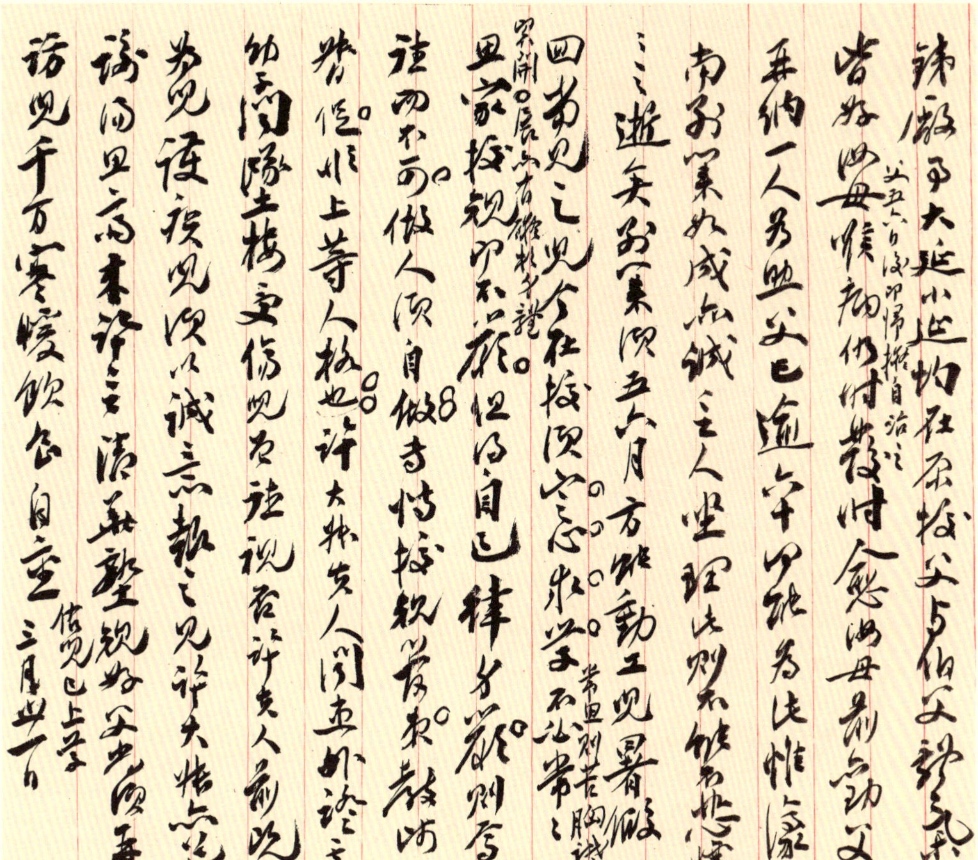

锺韩及大延、小延均在校，父与伯父说之矣，

皆好。汝母（父五六月后仍归，拟自治之）喉病，仍付药时念汝母，前亦劝父

再纳一人为助，父已逾六十，只能为此，惟家

南予叶如成否，诚无人坐理，此则不能不悲怀。

。。遊矣。我集须五六月方能动工。儿暑假

四弟儿已见，今在校须安心求学，不必常常（常且则苦胸襟）

且家报观，即不必看（习闻召居而古维彬子谨）。但得自己律身严，则今

往后不可做人，须自做事，情操观发扬放浪。

誉儿非上等人物也，许大科先人门亦如于谈之

功名关系土楼受伤，儿当注视，容许贵人前说

为儿读，须儿须以诚意报之，见许大惜之也。

谈同且高来许之，清气整观，好父当须再

访儿，千万寒暖饮食自重。

佑儿已上学

三月廿一日

原文

父寄怡儿：

父廿九日来沪。三伯父四月三日亦来，五日六日即回。得儿十七日讯，为之怆然。父昨又寄去一诗及改儿之诗，早晚当收到。父岂不欲儿常在侧？顾世事日变，非有学问，不能有常识，即不能有声望。居今之世，若无学问、常识、声望，如何能见重于人，如何能治事，如何能代父？故不得不使儿阅历辛苦，养成人格，然后归而从事于实业、教育二途，以承父之志，此父之苦心也。三伯父每为父言，立儿尤小，须儿学成而归，乃能教之。昨同上金沙、西亭、通州之坟，老兄弟舟中言之怆然！且念及大房诸子之不善，非儿有学问、声望，不足以自卫也。仁祖今年令练习铁厂[①]事，大延、小延[②]均在原校。父与伯父体气皆好。汝母喉病，仍时发时愈。父五六日后即归，拟自治之。汝母前亦劝父再纳一人为助，父已逾六十，何能为此？惟濠南别业如成，亦诚乏人坐理，此则不能不悲孃孃之逝矣。别业须五六月方能动工，儿暑假回当见之。儿今在校须定心求学，不必常常思家。常思则苦，胸襟即不开展，亦有碍于身体。校规即不严，但得自己律身严，则焉往而不可。做人须自做，专恃校规管束，教师督促，非上等人格也。许大叔夫人闻患外证，其幼子闻坠楼受伤，儿曾往视否？许夫人前既为儿护疾，儿须以诚意报之。见许大叔亦道谢。汤思斋[③]来讯言清华塾规好，父尚须再访。儿千万寒暖饮食自重。佑儿[④]已上学。

三月卅一日[⑤]

考释

① 铁厂，即资生铁厂，1905年张謇倡议设立于南通唐闸，初衷是由于大生系统企业的机器修理依赖上海的企业，运输困难、费用不菲而且不能及时。资生铁厂1906年开工后主要为大生企业修配机器。之后制作过轧花机、布机、内河小轮、渡轮和轻武器。1930年停歇。

② 大延、小延，疑为张謦长子亮祖的子女延武和孝延（女）。

③ 汤思斋，即汤襄（生卒年不详）。张謇在北京政府任职时的下属，中央农事试验场气象观测所所长。

④ 佑儿，即张佑祖，张謇的养子。

⑤ 张孝若《南通张季直先生传记》记载，此信写于民国二年（1913）三月。

许大姊颇受交交大家之累，且中学智
者惯惯毒。父一生止是不说谎、不骗人，
到今上天论世，我非有心安理得，正赖此
日家人时时作佛菩萨平等大慈之想。
愿儿觉财狼地蝎，是亦不宽，儿须思之，平
心恕让，爱为重名。许大姊来许三年，今年
楼膳甚苦，若约一二十人日用火食，然亦所
印儿取语作集股耶，何况拔凤珠不完美。
儿且耐之。儿可将时求依一荐付儿祖述先君
孟子之说，将先君论当以并改，孙氏文题之，拔青阁
示於人世，亦文也。父示孝儿 四月六日

原文

许大叔颇受多言、大言之累，且中尚智、尚术之毒。父一生止是不说谎，不蹈空。到今无论如何，我惟有心安理得。至于近日处人，时时作佛菩萨平等大慈之想，还觉豺狼蛇蝎无所不容。儿须是平心慎语，爱身重名。许大叔来讯言，今年校膳甚劣，另约一二十人自开火食。然耶？岂即儿所谓集股耶？似此校风殊不完美，儿且耐之。儿可暇时再作一篇《仲尼祖述尧舜，孟子言必称尧舜论》，寄父再改。缘此题之文，极有关系于今之世变也。

父寄怡儿。

四月六日

二十四日谕并国文一首已悉老子云善
人者不善人之师不善人者善人之资资者
犹诗他山之石可以攻玉之意也于己见不善
人之败名丧德贻祸一家乃至而惕然知取鉴以自
戒之也儿能勉力于此则进德乃至矣今少年人能词章之名亦一美德词章义穷而且
所谓一家之安危之忧忧之甚而胜满萧墙张
胀债与而已既赏之又之所景况今日乃为
者孟子所云不得于上而得于心者未之有也
儿道之三之也国文亦可还其中批句十四段为

有理故一士不足道者則未能闡明而失謬孔
孟之教哉。在彼其契契在其能時有所往之教主
而倫常時時必倫以不不倫之說有倫始有其
非〔圈〕與子楊氏之學傳至其業之士或主人之
自了不競人以為我未盡之士一兩好處而見之士
說而至之士其宗民之學不傳至今在一士或之
為同無言家人之一本尊於佛氏之祖師教所
同亦有一兩好處而見之士說則有所以亦為殊人
而至今之士故盡不闡之人者防一士流之惡
於正於人知得可不之二子餘年所見
一士禁矣。然則其所不推孔孟為一世人中儒
者之言大要在有所成，楊墨之儒好處
而之士一士禁大之則為子其為所之仲日悔而
取於將又此正範家中一士要四月昔宇相見
勇又殷殷再言
小溪字深初於十月給地不可離公以為道深用

原文

二十四日讯并国文一首已悉。老子云："善人者，不善人之师；不善人者，善人之资。"[①]资者，犹《诗》"他山之石，可以攻玉"[②]意也。犹言见不善人之败名丧德、贻玷家声，而惕然知取鉴以自警也。少年人能讱[③]，定为第一美德；讱字义最可思。儿能勉力于此，则进德有基矣。今所谓最无序之党，无他，脑筋单简、张脉偾兴而已，质言之即暴乱。今日乃知有子所云："不好犯上而好作乱者，未之有。"[④]真见道之言也。国文寄还，笔势、篇段尚有理致。其不足者，则未能阐得真际。孔孟之教本于契[⑤]，契在舜时为司徒，其教主五伦[⑥]。当契时明伦以定不伦之乱，有伦，故有君臣、父子。杨氏之学[⑦]，传书数叶，其要主人人自了，不靠人管。未尝无一面好处，而充其说可至无君。墨氏之学[⑧]，传书具在，其要主尚同兼爱，人人平等。即佛氏之祖，耶教所同，亦有一面好处；而充其说，则看得父亦路人，可至无父。故孟子辟之。辟之者防其流之恶，将至于人相食耳。不意二千余年，躬见其弊，然则安得不推孔孟为圣人也？儒者之言大要在有别，有杨、墨之偏好处，而无其弊，弊则荀子[⑨]尝力斥之。他日归可取看。父昨至苑，家中平安。

四月卅日寄怡儿

另文改好再寄。以后寄泽初讯可称"兄"，不可称"公"。"公"勿随便用。

考释

① 语出《老子》上篇第二十七章：故善人者，不善人之师；不善人者，善人之资。意思是：因此善人是不善人的老师；不善人是善人的借鉴。

② 语出《诗经·小雅·鹤鸣》：他山之石，可以攻玉。意思是：借助别的山上的石头，可用来琢磨玉器。用以比喻能帮助自己改正缺点错误的外力，一般多指朋友。

③ 讱，指说话慎重。典出《论语·颜渊篇第十二》：司马牛问仁。子曰：仁者，其言也讱。曰：其言也讱，斯谓之仁已乎？子曰：为之难，言之得无讱乎？意思是：司马牛问孔子什么是仁。孔子说：仁德的人，说话谨慎。司马牛说：说话谨慎就可以称之为仁了吗？孔子说：做起来困难，说的时候能不谨慎吗？

④ 语出《论语·学而篇第一》：其为人也孝弟，而好犯上者，鲜矣；不好犯上，而好作乱者，未之有也。意思是：一个人在做人方面能够孝敬父母，敬重兄长，却喜欢冒犯君上，这是十分罕见的；不喜欢冒犯君上却喜欢作乱，没有这种人。

⑤ 契，传说中商族始祖帝喾的儿子，虞舜之臣。

⑥ 五伦，也称五常。中国古代宗法社会以“君臣、父子、夫妇、兄弟、朋友”为“五伦”。

⑦ 杨氏之学，即杨朱学说。杨朱，战国初哲学家。

⑧ 墨氏之学，即墨家。墨子，名翟。墨家是战国时期的重要学派之一，由墨翟所创立。

⑨ 荀子，名况，字卿，战国时期思想家、教育家。

父寄怡儿：昨复儿讯想到。谕当来
改以迟日。博物苑图书馆、农校、医院
马政及工（及纺织校），时须理料指示，不理料则讬
责，不指示则工误，然亦藉此避上海之扰。
南通因谣言而误会，因误会而争持，其
实祸根多在不忠不恕，乃知正学不明，人之
陷于此之可惧，甚于干戈。小儿必在其
中。大儿既为所误，好事者复藉人为故
小儿在其中，而方之为一，宣一实势力
不相等。又中外人观念，绝与前年不同。故
而儿闻外间之谣言，不如而以淡静之态
观之。古人云：飘风骤雨不终朝也。家中如

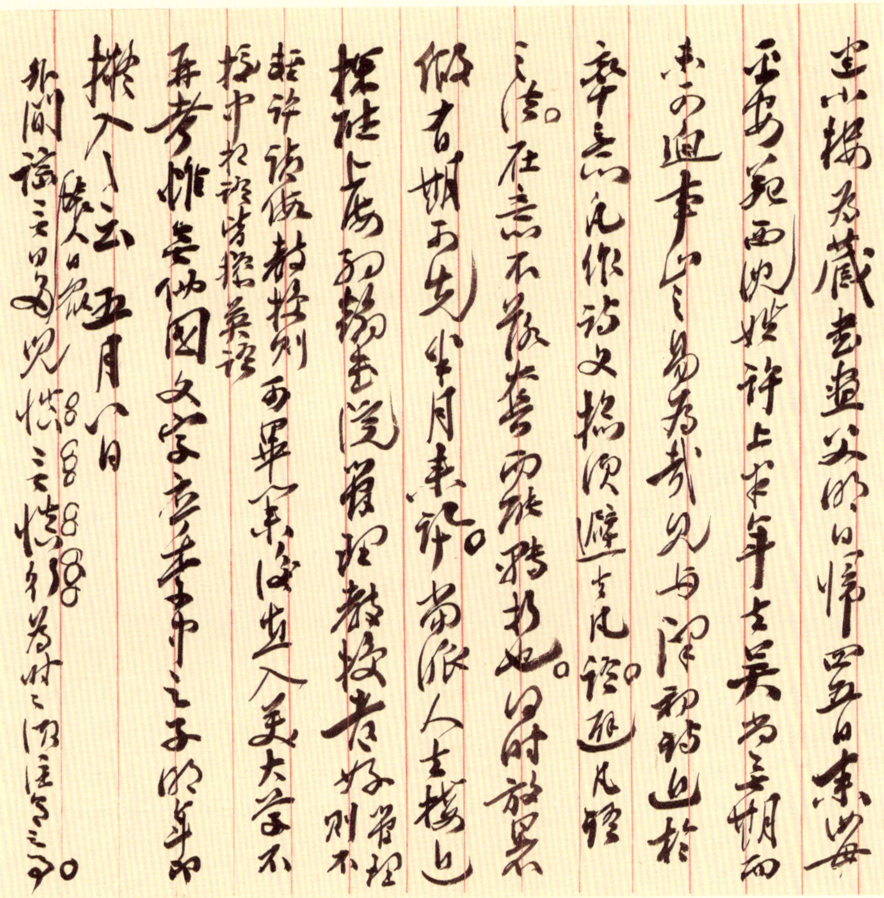

寓此樓為藏書處公昨日歸四五日來此每
至西苑西洲姓許上下年亦奚為之期而
未可過事也之易為哉兄與渾初時亦在於
幸意凡作詩文總須避古人語。避凡語
之法。在意不放大並而後稱好也。日昨胡君
他言胡適之先生半月來。訪前派人去樓上
探桂上海初稿書覽前經教授者好前經則不
甚許諸俊教授則兩異半來後並入美大學不
於中外諸者擇英語
再考姚君似因文字亦系中之子明年也
撥入上海云五月八日
張人白敘
外間謠言曰為兒惱惱之愧極為將之從逐之予。

原文

父寄怡儿：

昨复儿讯想到，论尚未改。以近日博物苑、图书馆、农校、医院[①]及纺织校[②]、马路各工，时须理料指示。不理料则钱费，不指示则工误，然亦藉此避上海之搅。南北因谣多而误会，因误会而争持，其实病根多在不忠不恕，乃知正学不明，人道渐废。此之可惧，甚于干戈。惟小乱必在意中，大乱殆尚可谈。好勇疾贫之人多，故小乱在意中；两方之力，一虚一实，势不相等，又中外人观念绝与前年不同，故可谈。儿闻外间之谣必不少，可以凝静之意观之，古人云飘风暴雨不终朝也[③]。家中改建小楼，为藏书画。父明日归，四五日来。汝母平安。苑西沈姓许上半年去，吴尚无期，而未可迫。事岂易为哉！儿与泽初诗，近于率意。凡作诗文，总须避去凡语。避凡语之法，在意不落套，而能转折也。何时放暑假？有期可先半月来讯，当派人去接。近探听上海约翰书院管理、教授都好（管理则不轻许请假，教授则校中相语皆操英语），可毕业后直入美大学，不再考，惟无他国文字。应季中[④]之子明年即拟入之云。

五月八日

外间谣言日多，坏人日众，儿慎言慎行，为时时须注意之事。

考释

① 医院，1913年，张謇、张詧为私立南通医学专门学校购地，兴建医院为学生实习用。

② 纺织校，指南通纺织专门学校。张謇、张詧创办，1913年落成于南通唐闸，是中国以学校形式成批培养纺织人才的开端。

③ 语出《老子》上篇第二十三章：飘风不终朝，骤雨不终日。孰为此者？天地。天地尚不能久，而况于人乎！意思是：大风不会刮整个早晨，暴雨不会下一天。谁造成这种情况呢？是天地。天地还不能持久，更何况人呢？

④ 应季中，即应德闳（1876—1919），字季中，号伊泉，浙江人。历任淮安府知府、候补道、江苏巡抚衙门总文案、山西布政使。辛亥苏州光复后，任江苏都督府秘书长兼财政司司长。1912年任江苏首任民政长。次年9月去职。《申报》股东。

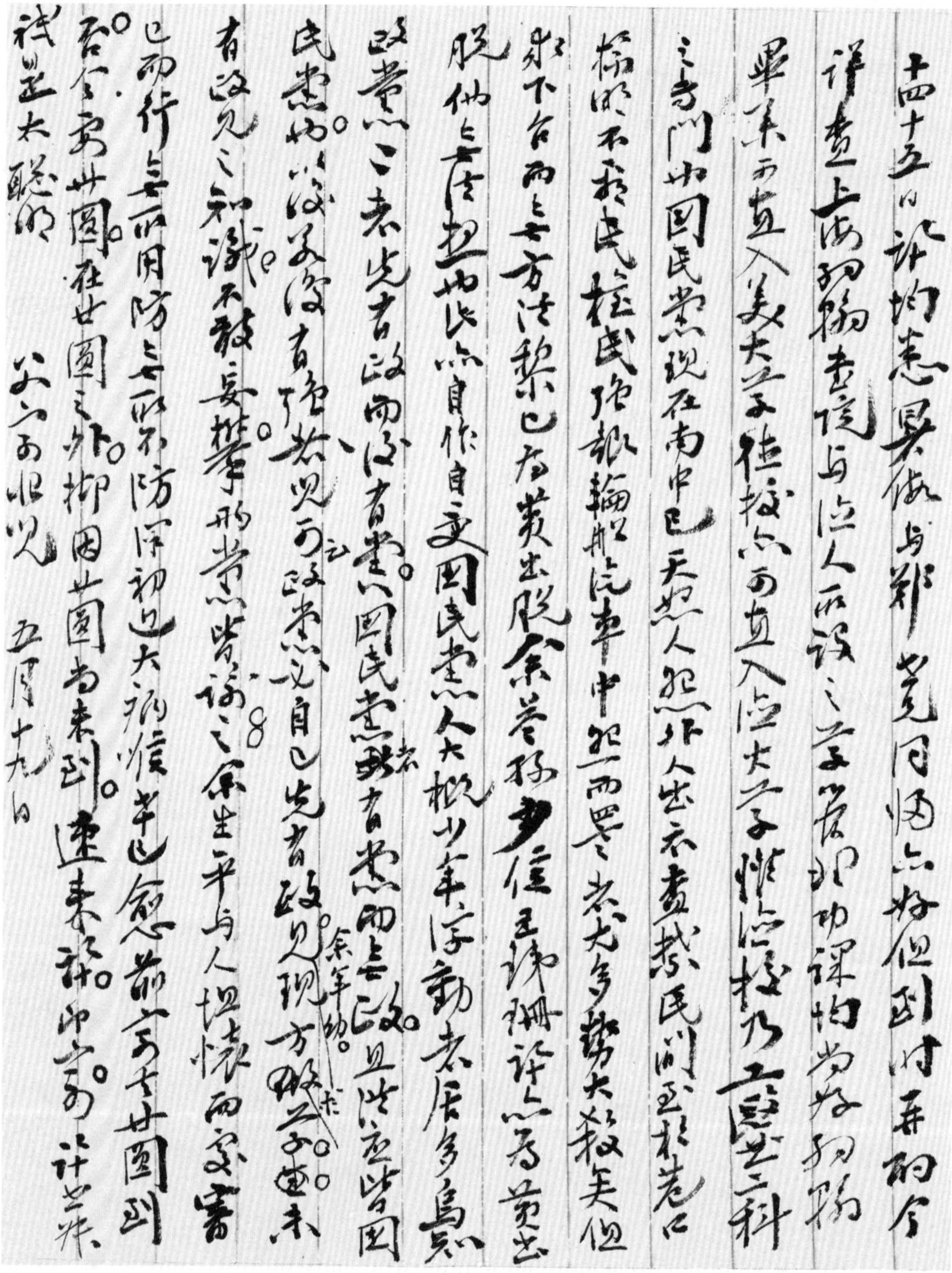

十四十五日讯均悉。吴淞与郑觉同惆，亦好，但到时再酌。今
详查上海翔鹬书院与应人所设之学堂，即功课约尚好，翔鹬
毕业而直入美大学，往校亦可直入哈大学，惟哈校乃工艺之科
之专门。中国民党现在南中，已无知人犯，忠外人出衣，尽藉民间，至于花
棕的不杀民，抢民资，据轮船汽车中犯无罪，若尤多，势大杀矣。但
亦下台而去，方法繁已，左蒙出脱，余若移多信，王缑翀许亦为党出
脱佛之担也，此亦自作自受。国民党人大概少年浮动，老居多鸟。
政党之表见者，政而后有党。国民党有党而无政。且从前皆因
民党内政党有若见可政党之，自己先有政见，现方啖之子。余年幼。
有政见之知识不够，妄揽形党，皆谈之。余生平与人坦怀，而实害
已而行之所用，防之所不防，年初遇大祸，候幸已，愈思前年之廿图到
否？今家共图在廿图之外，抑因廿图尚未到，速来说，即寄。计廿四。
祥坐太聪的。

父示怡儿　五月十九日

原文

十四、十五日讯均悉。暑假与郑世兄同归亦好，但到时再酌。今详查上海约翰书院与德人所设之学[①]，管理、功课均尚好。约翰毕业可直入美大学；德校亦可直入德大学，惟德校乃工、医二科之专门也。国民党现在南中已天怒人怨，外人出示查禁，民间至于巷口标明不看民权、民强报，轮船、汽车中怨而詈者尤多，势大杀矣，但求下台而无方法。黎已为黄出脱。余答孙少侯、王铁珊讯，亦为黄出脱，他无法想也。此亦自作自受。国民党人大概少年浮动者居多，乌知政党？政党者，先有政而后有党。国民党者，有党而无政，且洪、应皆国民党也。以后若复有强者，儿可云：政党必自己先有政见，余年幼，现方求学，未有政见之知识，不敢妄攀。两党皆谢之。余生平与人坦怀而处，审己而行，无所用防，无所不防。泽初近大病喉，幸已愈。前寄去廿圆，到否？今要卅圆，在廿圆之外，抑因廿圆尚未到？速来讯即寄。许世叔只是太聪明。

父寄怡儿。

五月十九日

考释

① 1907年德国医生埃里希·宝隆在上海创办德文医学堂，翌年改名同济德文医学堂。1912年与创办不久的同济德文工学堂合称同济德文医工学堂。1917年由华人接办，先后改称为同济医工学校和私立同济医工专门学校。1923年定名为同济大学，1927年成为国立大学。

前託許久寄為博物館購東省山中之怪石 鉛松怪石為貢之方物 此石亦為最古 及萊州石之石色有黄而帶黑理者有白而帶黑心理者家中有一小插屏即萊石並有一萊玉筒 白色 為人攫去價不貴久寄至許為致之久而不至兒為託人詢購以備暑假帶回 父字怡兒 五月十四日

久翁現在島否 [illegible]移在滬 病候近日醫云可治

原文

前托许久翁为博物馆购青州海中之怪石（铅松怪石，《禹贡》之方物，此石品为最古）及莱州石（其石色有黄而带黑理者，有白而带黑理者），家中有一小插屏，即莱石。曾有一莱玉笛（白色），为人攫去。价不贵，久翁曾许为致之，久而不至，儿为托人访购，以备暑假带回。

父寄怡儿。

五月十四日

久翁现在岛否？泽初在沪病喉，延日医，云可治。

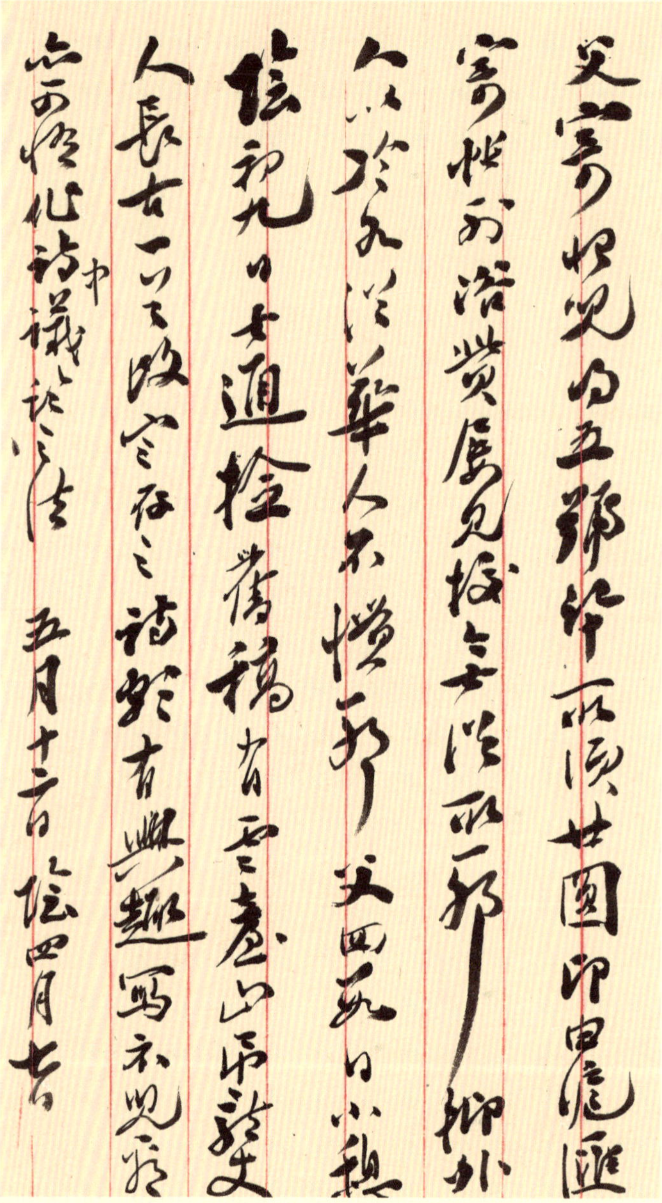

昔我嘗觀新松圖。上手神物莫與胸。蜿蜒膠戾皆沒起。移枝騰

逸氣也也枝。丈人向人說奇實。儒俊秀精粹精珠。祖来皇祖自正直。造化

孕育寡可識。至至真覺我攜淵瀛。攀山而窮海而都。逍遥廣漢

遂老壽。咏於莘莘之牛馬。乎。其材阻死出世外。將子忽来陶大史。其以

丈人肅再拜。劍它刻石大字書盛名。四海日月蓊。其存七七勝跂來舉翼。

小小一旦上平陸。拱衛屏御鱗（罍）魚。押而形出不可詰。林林香乃蕩出在

鍵群蜂不呈蛟（老）親舍。枝枝之也股股燭一之廣。廟如似物小小匠石。丈人以呈天

之誌。乘風竊烘候化之盛。然又舊其經壽埒。我得一之地窮一之坡循崖

慨桐長嘆呼。大不中規小不矩。一匠石不一年村社標。花發為松有其

邪。千楓之之與子柵欄而恨於為嬉蟻。況此雅文穢饑性短記之

之妄語乃妄禍。今周甲。豈見符。同社[?]捻惜何計[?]。以丈人深在道光

壬辰樹為大楚在光緒壬辰

丈人丈人聊用評。陰蔽飄飄方松離。

原文

父寄怡儿：

得五号讯，所须廿圆即由沪汇寄。帐列浴资屡见，校无浴所耶？抑外人以冷水浴，华人不惯耶？父回数日小憩。阴初九日去通。检旧稿有《云台山吊龙丈人》长古一首，改定存之。诗颇有兴趣，写示儿看，亦可悟作诗中议论之法。

五月十二日，阴四月七日

昔我尝觌龙松图，千年神物尊东朐。蜿蜒胶戾蛰复起，孙枝腾逸风云扶。土人向人诧奇异，俪彼狡狯精踟跦。徂来皇祖自正直，造化孕育宁可诬？云台嵬峨郁洲墟，群山所宫海所都。逍遥广漠遂老寿，呼龙等之牛马呼。当时阻绝出世外，好事忽来陶大夫，尊以丈人肃再拜，刳云刻石大字书。盛名四海日月翥，奔走瞻敬来群愚。山亦一旦上平陆，拱卫屏卻蛟鼍鱼。狎而求者不可诘，焚香乃荐青石罏。犹嫌不足尽亲爱，投其空腹燔其肤。庸奴俗物亦叵耐，丈人况是天之徒。乘风驾烟倏化去，盛怒若奋苍髯胡。我履其地窾其故，循崖历硐长嘻吁。大不中绳小不矩，匠石所弃村社樗。托体为松有龙号，千网会与擎珊瑚。所恨徒为蝼蚁死，致缘文绣牺牲躯。记其妄福及妄祸，六十周甲龙儿符（两江总督陶澍题龙丈人碑在道光壬辰，树为火焚在光绪壬辰）。丈人丈人那何许，阴岩飒飒万松雏。

兒西沈初六日函 吴初六日九日函 兩家兒子皆
頑劣很戾不訓屢挑我已泯之情已甚之害父亦不與
接若出並責極令人須補牘平教令文作志此等即
因民意人小影與接則傷我重不接則可獻好任何民
亦未不及始思之可凡事有可任意者耶。

原文

苑西沈约六月迁，吴约六月九月迁。两家儿子皆顽劣，很戾不驯，屡推我已砌之墙，坏我已装之窗，父亦不与校。前出赏格，令人侦捕，稍平静，今又作恶。此等即国民党人小影，与校则伤我量，不校则可厌。好在砖瓦亦来不及，姑忍之耳。凡事有可任意者耶？处乡里尤宜和厚。

儿来谕云二十三日放暑假，若是阳历六月，则阴历五月十七八日也。是否如此？作谕时，但多写两字（某月），便省父此一问矣。儿自问与郭先同归，被衣[illegible]发物件及衣服仍否须要，速即来谕。勤细报人。五月廿六日

父字付怡儿

原文

儿来讯言二十三日放暑假，当是阳历六月，则阴历五月十七八日也。是否如此？作讯时但多写某月两字，便省父此一问矣。儿自问与郑世兄同行，能不遗失物件及他不便否？速即来讯，斟酌派人。

父寄怡儿。

五月廿六日

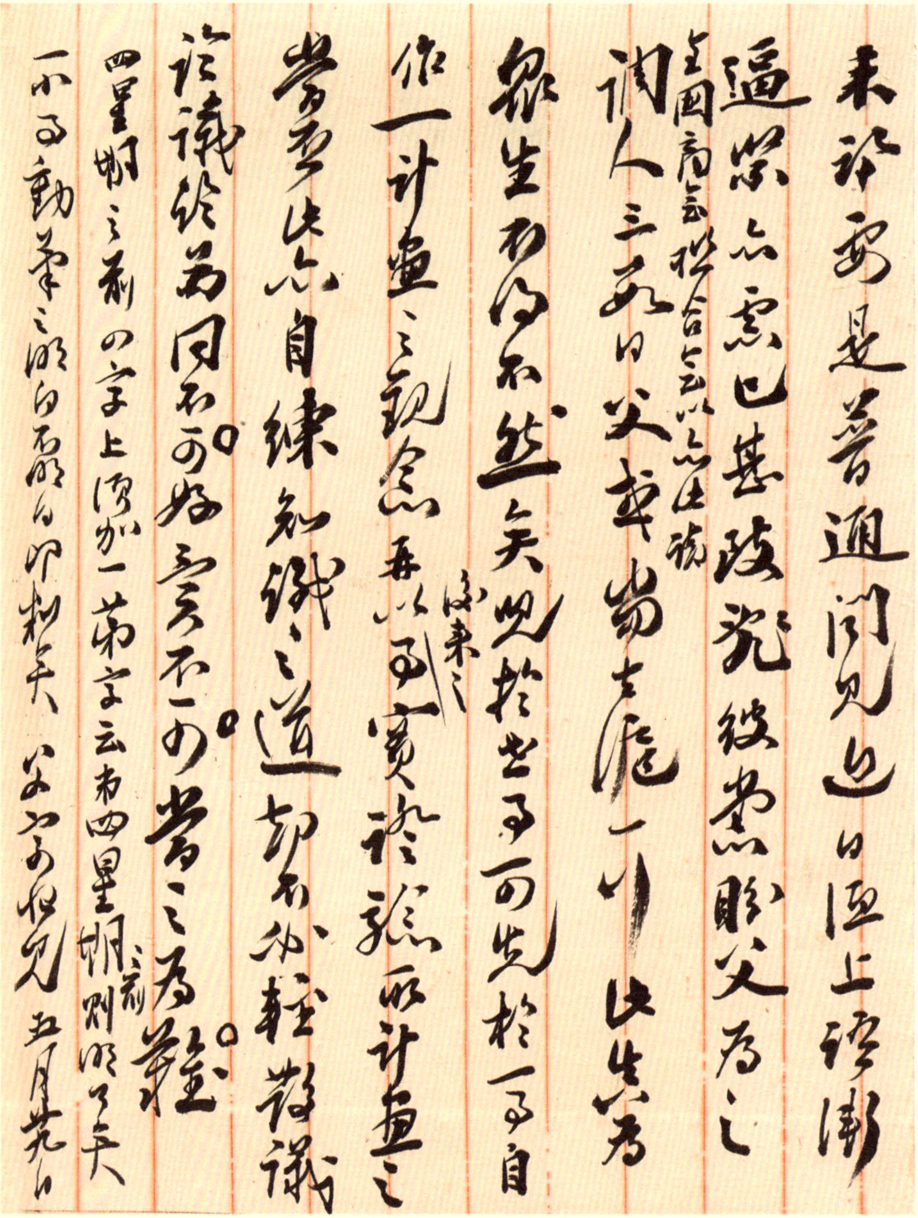

原文

来讯要是普通闻见。近日洹上[1]语渐逼紧，亦虑已甚致乱。彼党盼父为之调人，全国商会联合会以亦此请。三数日父或当去沪一行，此真为众生不得不然矣。儿于世事，可先于一事自作一计画之观念，再以后来之事实证验所计画之当否。此亦自练知识之道，却不必轻发议论。议论苟同不可，好异不可，当之为难。四星期之前，“四”字上须加一“第”字，云第四星期之前，则明了矣。一小事，动笔之明白不明白即判矣。

父寄怡儿。

五月廿九日

考释

① 洹上，即洹上村，位于河南安阳。1909年袁世凯（1859—1916）被清廷解除所有职务，隐居于此。1911年辛亥革命爆发，袁世凯被任命为内阁总理大臣，清帝退位后，成为中华民国首任大总统。洹上，指称在此地韬光养晦的袁世凯。

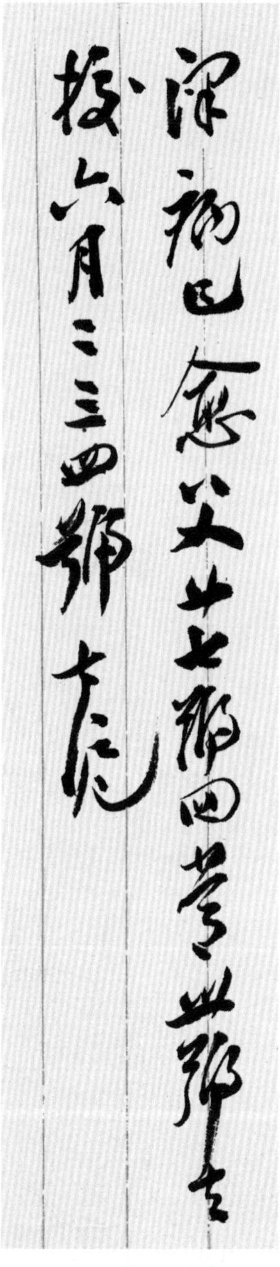

原文

泽病已愈。父廿七号回常，卅号去校，六月二三四号去沪。

昨与北楼询儿咳嗽，据云恐非先天不足，乃

北方燥气高亢，或坐久肺气不舒所致。不可服寒

闭涩腻之品，如生地麦冬之类。平时可服者

蔗、枇杷、杏露（用枇杷叶取蒸化去）、冬瓜糖之类。冰其淋、洗小荷兰

（烤薯）以不可服，如橙[illegible]亦可服。柠檬汁，收风大雨避风。

晴天暖，可至室外吸受空气。出操[illegible]，[illegible]天

儿勤服者，许君取为调之中医，[illegible]

此亦[illegible]儿 六月七日

兹现拟另延一教英德文（约应聘于在校结合）暑假即在校任先
校后接授课之物理科学即附入师范班
中文门应重中之重纺织专院教授学理
均好显其教之所设英文及物科并增课程、
果可至可直接入美大学不须再考作此计
画尚未定　又拟将来毕业生路一接着现
延师上之之地尤须于三月后及移来再

原文

顷与汝权询儿体气，据云并非先天不足，乃北方地气高亢，或坐久肺气不舒所致。不可服柔润滋腻之品，如生地、麦冬之类。平时可服杏仁露、枇杷露（用枇杷叶所蒸化者）、冬瓜糖之类。冰其淋、汽水、荷兰水妨胃，不可服，兼防腹痛。如燥热，可服柠檬汁水。风大避风，无风天晴，可至室外吸受空气。汝权素知儿体脉者，许君所为请之中医孙君未必当也。

父再寄怡儿。

六月七日

父现拟约应季中、韩子石[①]诸友，结合另延一教英、德文教习，先在总理楼后楼授课；其他种科学即附入师范班中。又闻应季中言，沪约翰书院[②]教授、管理均好，是美教会所设，英文及他科学均认真，毕业后可直接入美大学，不须再考。作此计画，亦尚未定。又拟将平安馆先改一楼，为儿延师上学之地，亦须两三月后，乃能成耳。

考释

① 韩子石，即韩国钧（1857—1942），字紫石，亦作子石、子实、止石，晚号止叟，江苏泰县海安镇（海安市）人。曾任江苏民政长，安徽、湖南巡按使，江苏省省长。1910年，张謇初次致书韩国钧，从此，两人共同致力于创办垦务，赈济灾民、兴修苏北水利事业。

② 约翰书院，即圣约翰大学。1879年，美国圣公会上海主教施约瑟将培雅书院、度恩书院合并而成。圣约翰大学重视英语教学，除中文课外，全部用英语教学。

宋为能调和南北，忽然被戕，南北猜疑益
甚，国乎其可危。此中央任父以导淮，本须
以行，因此停顿。吾人伦道德之国，中古不
废，吾父十数年前说中国非须能改治，
未必能乱中求治，治之之法，惟有实业教育，
儿须志之，以垂要谁与实业教育者力为我
人道之存在此，人格之成在此，而不如今了。
儿须志之，父今日之为此，皆儿之基以来也。
父挽宋挽云：何人忍贼来君叔（后汉光武功臣被刺表云臣夜半为何人所贼）
举世谁为鲁仲连（何人云者不知何人也）

原文

宋[①]尚能调和南北，忽然被贼，南北猜疑益甚，国事至可危。昨中央任父以导淮[②]，本须北行，因此停顿。无人伦、道德之国，未有不覆者。父十余年前谓中国恐须死后复活，未必能死中求活；求活之法，惟有实业、教育。儿须志之。慈善虽与实业、教育有别，然人道之存在此，人格之成在此，亦不可不加意。儿须志之。父今日之为，皆儿之基业也。父挽宋联云："何人忍贼来君叔，举世谁为鲁仲连？[③]"（后汉光武功臣被刺，表云：臣夜半为何人所贼。何人云者，不知何人也。）

考释

① 宋，即宋教仁（1882—1913），字遯初，亦作钝初，号渔父，湖南桃源人。1912年任南京临时政府法制院总裁，参与南北议和。8月改组中国同盟会为中国国民党，任代理理事长，并率领国民党在国会选举中取得多数席位，筹划成立政党内阁，以制约袁世凯。1913年3月20日，被暗杀于上海，22日去世。据张孝若《南通张季直先生传记》，此信写于民国二年（1913）三月。

② 导淮。《中华民国临时大总统令》（1913年）："三月二十六日，临时大总统令，任命张謇督办导淮事宜。此令！"

③ 来歙（？—35），字君叔，东汉初南阳新野（今河南新野南）人，东汉名将。鲁仲连，一作鲁连，鲁仲子，战国时齐国人，善谋策。

祖父许之，父心知之。父生平待人坦
怀，相与不事机诈，人以机诈待父者
往往自败，然父仍含容之。所谓君子落得
为君子，小人枉自为小人也。儿既书所闻，亦止
可存于心，不必见于词色方可
大伯母恨目不瞑矣。大伯父曾许与三伯父及父
遗嘱遗议，此亦三伯父父子祖恨者。承祖云
唐开成石经一部
青岛送图书馆，此见鄙意，做人便是好子
家中段，外书房西厢为小楼，收藏书画。父
三吾阁回家察视工作
图已成，纺织学校父须北去一行。屈
时当许其归，家中均平安。

原文

初六日讯云云，父心知之。父生平待人坦怀相与，不事机诈。人之以机诈待父者，往往自败。然父仍含容之。所谓君子落得为君子，小人枉自为小人也[①]。儿既有所闻，亦止可存于心，不必见于词色。千万千万！

大伯母昨日下葬。大伯父[②]有讯与三伯父及父道歉、道谢。此函三伯父令仁祖收好。承祖[③]云有书（唐开成《石经》[④]一部）送图书馆。此儿渐要做人，便是好事。家中改外书房西厢为小楼[⑤]，收藏书画。父三五日后回家察视工作。

国会已成。待选举后父须北去一行，届时有讯告儿。家中均平安。

考释

① 语出《增广贤文》：君子乐得做君子，小人枉自做小人。意思是：君子以君子的所作所为而高兴，小人也自甘堕落做小人。

② 大伯父，即张誉（1845—1914），张謇长兄，张彭年、葛夫人生。娶妻金氏。

③ 承祖，即张承祖，张誉之子。

④ 《石经》，刻石的儒家经典，唐开成《石经》于唐文宗开成二年（837）开始刻石，共十二经，字体为楷书。

⑤ 据张謇《柳西草堂日记》，1913年5月3日“家中今日因书室受湿，书籍易损，改建小楼三间”。

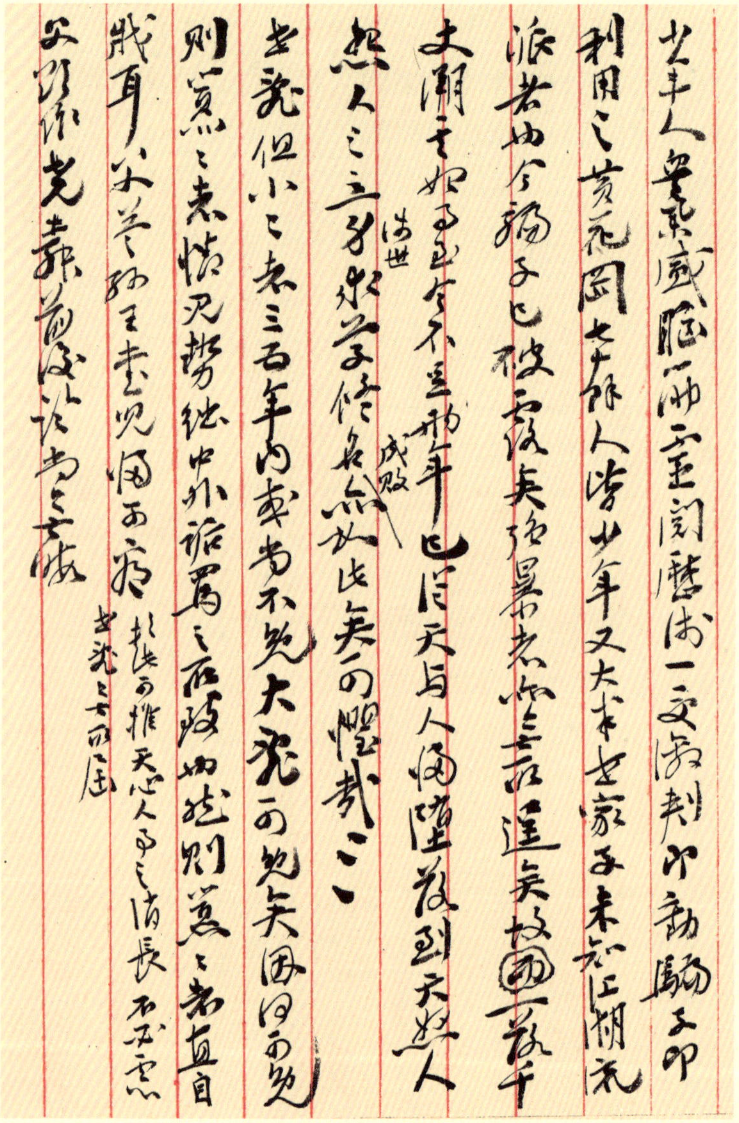

原文

少年人血气盛，脑筋灵，阅历浅，一受激刺即动，骗子即利用之。黄花岗七十余人皆少年[①]，又大半世家子，未知江湖流派者也。今骗子已破露矣，强暴者亦无所逞矣，故一落千丈。溯其始事至今不足两年，已从天与人归，堕落到天怒人怨。人之立身涉世、求学修名，成败亦如此矣。可惧哉，可惧哉！

世乱但小。小者，三五年内或尚不免；大乱可免矣。因何可免？则嚣嚣者情见势绌、中外诟骂之所致也。然则嚣嚣者直自戕耳。父答孙、王书[②]，儿归可看。于此可推天心人事之消长，不必虑世乱无所届。父欲作尧舜前后论[③]，尚无暇。

考释

① 1911年4月27日，孙中山领导的同盟会，在广州发动推翻清王朝的武装起义，不幸失败。同盟会员潘达微收殓72人遗骸葬于广州白云山麓黄花岗，史称“黄花岗起义”。这次起义震动全国，不久即爆发武昌起义。

② 疑即张謇《复王瑚孙毓筠函》，作于1913年5月14日，并刊登于1913年5月28日《大公报》。

③ 尧舜前后论，张謇于1913年拟《尧舜论》上、中、下三篇。

各校学生中殊、锦子实、周钧之二子好学

勤学者即回校，如拟合郑、汪、锦三家合

立一补习塾，[illegible]文为请人物科学、附插读范

不知能组成否也 父字 怡儿览 六月十日

[illegible]

原文

岛校学生中有韩子实（国钧）之二子，性行好否，勤学否？即回复。父拟合郑、应、韩三家，合立一私塾，德文另请人，他科学附插师范，不知能组成否也？

父寄怡儿。

六月十日

且勿告人。

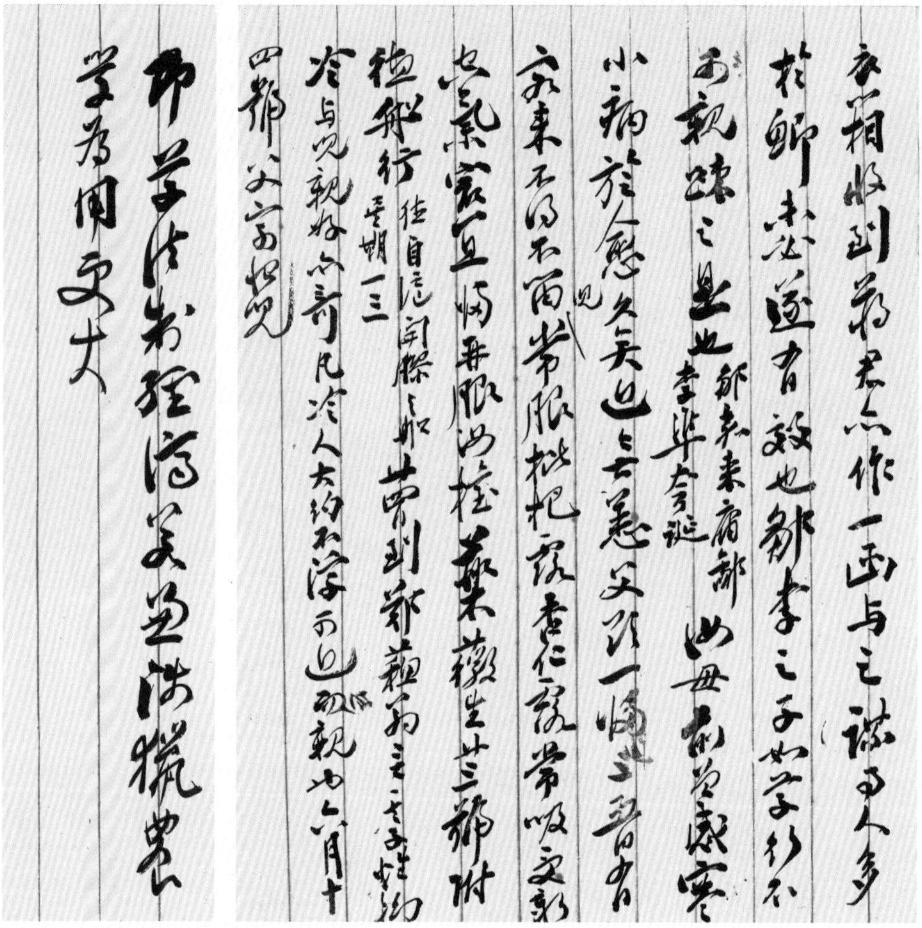

原文

衣箱收到。蒋君亦作一函与之。谋事人多于鲫，未必遂有效也。邹、李之子，如学行不可亲，疏之是也（邹嘉来[①]庸鄙，李准[②]夸诞）。汝母前曾感寒小病，旋愈久矣，近无恙。父欲一归，三五日有客来，不得不留。儿常服枇杷露、杏仁露，常吸受新空气最宜。归再服汝权药。薇生廿三号附德船行（德自沪开胶[③]之船，星期一、三），廿四日到。郑苏翁言其子性拗冷，与儿亲好亦奇。凡冷人大约不浮，可近而亲也。

父寄怡儿。

六月十四号

即学法制、经济，若兼涉猎农学，为用更大。

考释

① 邹嘉来（1853—1921），字孟方，号紫东，江苏吴县（苏州）人，光绪十二年（1886）进士，曾任外务部尚书兼会办大臣。

② 李准（1871—1936），字直绳，四川人。李准在广东历任候补道员、总兵、广东水师提督，后兼任巡防营统领。1912年任北京政府高等军事顾问。1915年任混成模范团副官。1916年离开袁世凯，次年定居天津。

③ 胶，指胶东半岛。

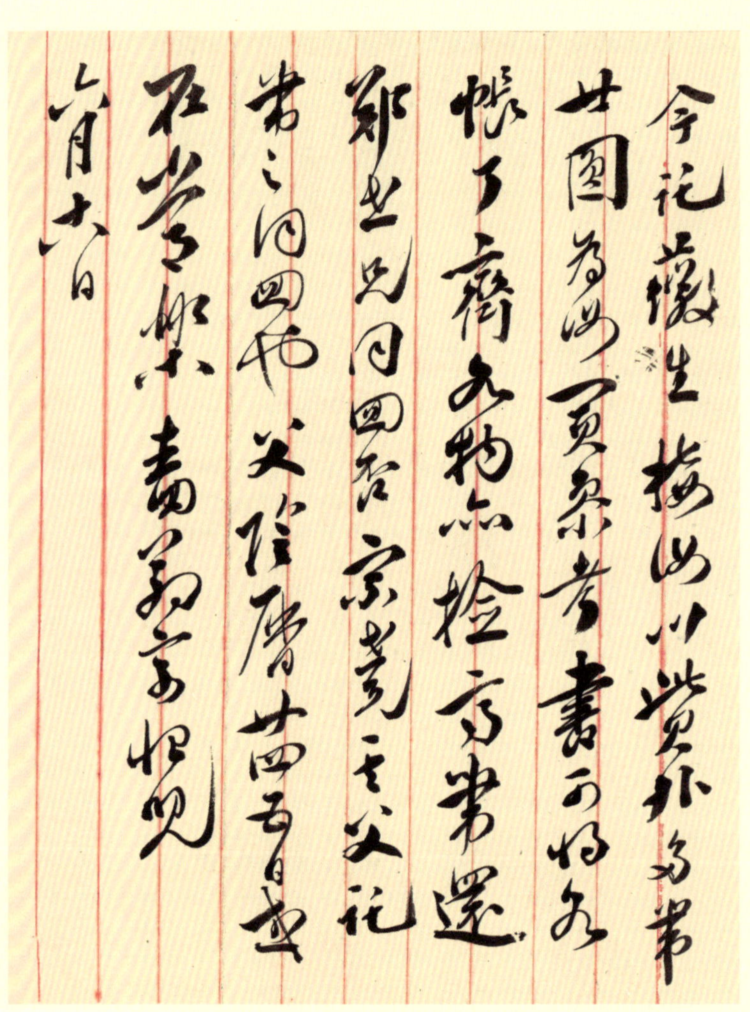

原文

今托薇生接汝，川资外，多带廿圆，为汝买参考书。可将各帐了齐，各物亦检齐带还。郑世兄同回否？宗世兄其父托带之同回也。父阴历廿四五日或在常乐。

啬翁寄怡儿。

六月十八日

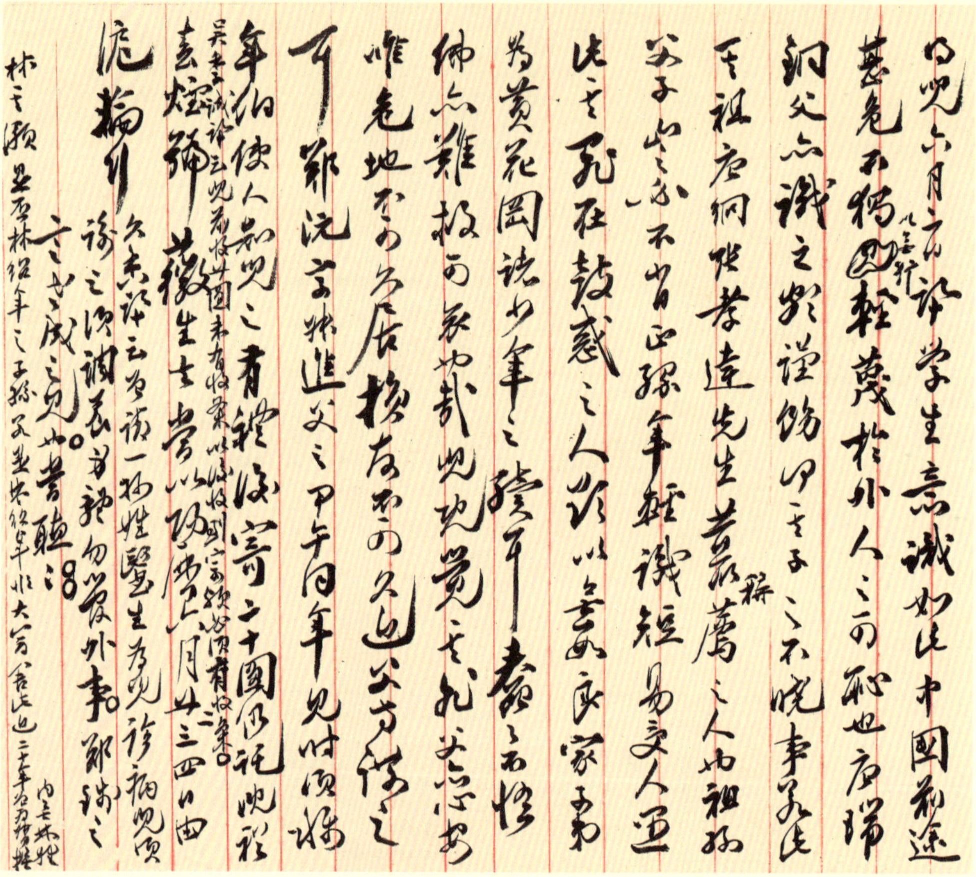

原文

得儿六月二日讯，学生意识如此，中国前途甚危，不独以无行轻蔑于外人之可耻也。唐瑞铜[1]父亦识之，颇谨饬，何其子之不晓事若此。其祖唐絅[2]，张孝达先生昔所称荐之人也。祖孙父子岂必不肖？正缘年轻识短，易受人愚，此其罪在鼓惑之人，欲以无数良家子弟，为黄花岗诸少年之续耳。蠢蠢不悟，佛亦难救。可哀也哉！儿既觉其非，父亦心安。唯危地不可久居，损友不可久近，父方谋之耳。郑沅[3]，字叔进，父之甲午同年，见时须称年伯，使人知儿之有礼。后寄二十圆，仍托沈裕春烟号。吴季诚[4]讯云，儿前收廿元，未有收条；以后收到寄款，必须有收条。薇生去，当以阳历六月廿二、三、四日由沪轮行。久香讯云，曾请一孙姓医生为儿诊病，儿须谢之。须调养身体，勿管外事。郑、钱之言，老成之见也。当听当听。

林其灏是否林绍年[5]之子孙？若是，林绍年非大富。舍此，近二十年内无林姓曾为督抚。

考释

① 唐瑞铜，字士行，贵州人。光绪二十九年（1903）进士。中华民国成立后任清理大清银行总办、中国银行主任、吉林省财政厅厅长等职，并曾任国会议员。

② 唐絅，疑即唐炯（1829—1909），贵州遵义人，字鄂生，晚号成山老人。光绪九年（1883）官至云南巡抚。光绪十三年（1887）后受命督办云南矿务。

③ 郑沅（1866—1943），湖南长沙人，字叔进。光绪二十年（1894）甲午恩科探花。

④ 吴季诚，即吴寄尘（1873—1935），名兆曾，字缙云，中年改字寄尘、季诚，别号味秋，江苏丹徒人。1911年任大生驻沪事务所所长，直至1935年逝世。

⑤ 林绍年（1846—1916），福建闽县（福州）人，字赞虞，晚号健斋。官至云南巡抚、云贵总督、邮传部尚书。是清末新政的积极支持者和实施者。林绍年出生年份另有1845年、1848年和1849年之说。

中庭栽桃、蜡梅，积雨渍伤而萎

惜哉。示怡儿

生平手植花竹木，一草一[illegible]皆关

心。二株当年来移置数尺，列种堂

之阴，迄成三千六百日，岁岁度为三

开寿。一株累累，甫结实去矣

犹荐祖考。欲一株[illegible]花娟[illegible]

照宗方[illegible]，雄黄金方胡[illegible]，株为娱

老，[illegible]安之间，翘足吟[illegible]，赏梅三日

天大雨，潦积未退，昇日往[illegible]危

[illegible]变[illegible]所陨，桃形相对，伤为之唁

悯来往之，[illegible]愿息时变免若非

此在寄，[illegible]出上觅子，[illegible]，[illegible]小觅

[illegible]当[illegible][illegible]

[illegible]八月五日

原文

中庭核桃、蜡梅，积雨渍伤而萎，悼赋示怡儿①。

生平手植众草木，一华一谢皆关心。

二树当年本移置，数尺列我堂之阴。

堂成三千六百日，岁岁度高三两寻。

一树累累甫结实，喜笑待荐祖考歆；

一树繁花媚残腊，照窗万点堆黄金。

方期嘉树为娱老，婆娑其间啸且吟。

黄梅三日天大雨，潦积未退杲日临。

叶色顿变渐飘陨，槁形相对僮为喑。

归来抚之重叹息，时变危苦非汝任。

寄语世上儿子辈，须以贞干当邪侵。

啬翁　八月十五日

考释

① 张謇《柳西草堂日记》记载，1912年8月15日“七时去校。舟中录昨诗《中庭核桃、蜡梅，积雨渍伤而萎，悼赋》”。诗题中的“中庭”指张謇海门常乐住宅“尊素堂”之“中庭”。

父訓

卷三

時父任國務員旅京時

张孝若在张謇任职于北洋政府期间收到的父训

张子房论　刘先主论　韩信论

凡人贵可使[illegible]论　此题出东南[illegible]季[illegible]先生

为学日益为道日损论

士以日生为急论

教育实业互用说

教育应[illegible]主义作法实用之理说

知耻近勇说

力行近仁说

好学近知说

博物苑池亭　小榭　鹤栅　鹰[illegible]

圃表之字　钟龙池　南馆　北馆

收兒書一星期矣。作文論說須擬題義，溯源道理。理須條貫，然後著筆。與外國教員交，可用外國語談論，渠在家常說話才易演習。與之交須誠實恭敬，使中國上等人格因兒而重。

父甚念兒，兒早晚寒暖飲食須自留意。父六十四歲，只此獨兒作安也。

父字付兒

以後或十日一信，或半月一信，亦可。

十月十三日

原文

张子房[①]论、蜀先主[②]论、韩信[③]论、凡人贵可使复贱论（此语出处，问张、李二先生），为学日益为道日损[④]论、士以治生[⑤]为急论、教育实业互用说[⑥]、教育慈善主义作法异同之点说、知耻近勇说、力行近仁说、好学近智说、博物苑、池岛[⑦]、水榭[⑧]、鹳鹤柴[⑨]、鸠鹰罧[⑩]、国秀亭[⑪]、钵龙池[⑫]、南馆[⑬]、北馆[⑭]。

怡儿每一星期为之作文。诗先须辨明题义，涵泳道理，理清线索，然后著手。与外国教员处，可用外国语浃洽；渠有家眷，说话尤易演习。与之处，须诚实恭敬，使中国上等人格因儿而见重。父甚念儿。儿早晚寒暖饮食须自留意。父十四岁即单独作客也。

父寄怡儿。

以后或十日一讯，或半月一讯寄京。

十月十三日

考释

① 张子房，即张良（？—前189），字子房，汉初大臣。

② 蜀先主，即刘备（161—223），字玄德，涿郡涿县（河北涿州）人。三国时蜀汉的建立者。

③ 韩信（？—前196），淮阴（江苏淮安）人，汉初军事家。

④ 典出《老子》上篇第四十八章：为学日益，为道日损，损之又损，以至于无为，无为而无不为。意思是：学习而知识每天增加，修道而欲望每日减少。减少再减少，能达到无为的境界。无为就什么都能做到了。

⑤ 治生，即谋生计、经营家业。

⑥ 教育实业互用。张謇在看待实业和教育的关系时，认为实业教育迭相为用。在他的现代化实践的探索中，以实业辅助教育，以教育改良实业。

⑦-⑭ 均为南通博物苑内的建筑。

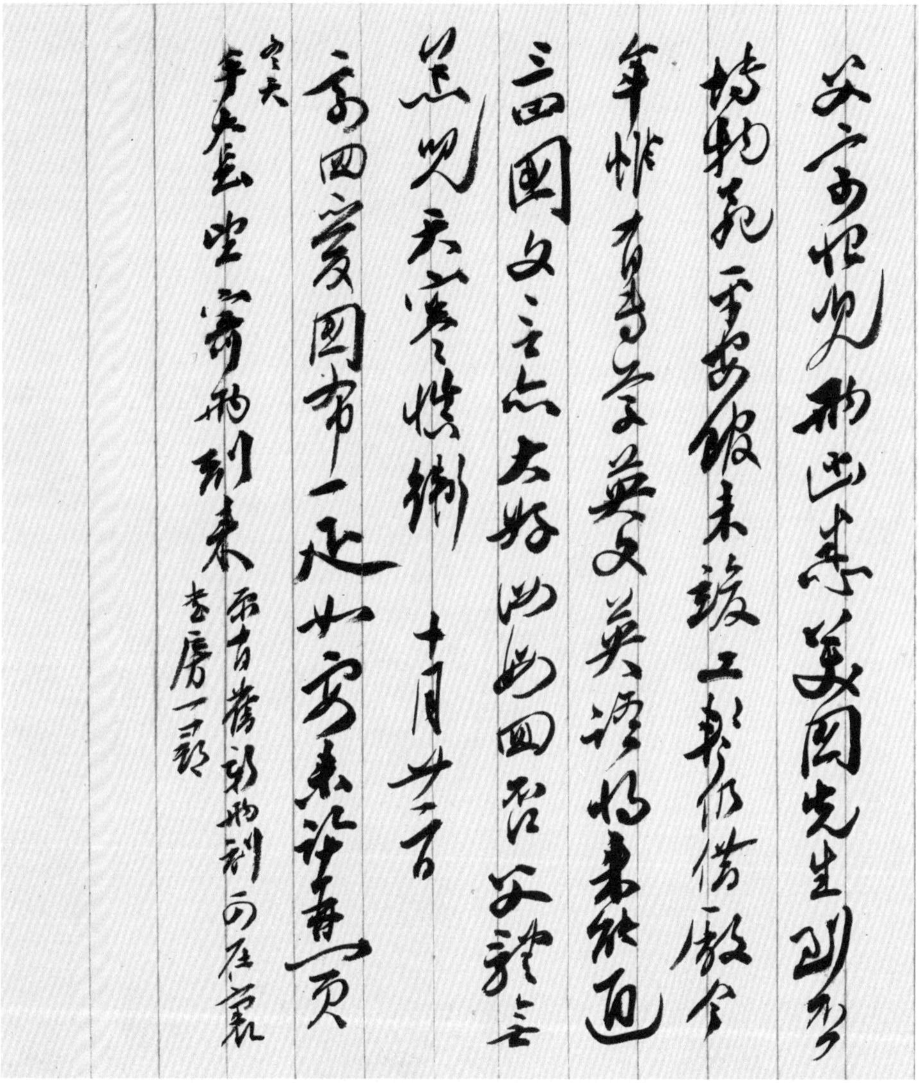

原文

父寄怡儿：

两函悉。美国先生到否？博物苑平安馆未竣工，暂仍借厂。今年惟有专学英文、英语，将来能通三四国文言亦大好。汝母回否？父体无恙。儿天寒慎卫。

十月廿二日

寄回爱国布一匹，如要，来讯再买。冬天手套望寄两副来。原有旧新两副，可在里书房一寻。

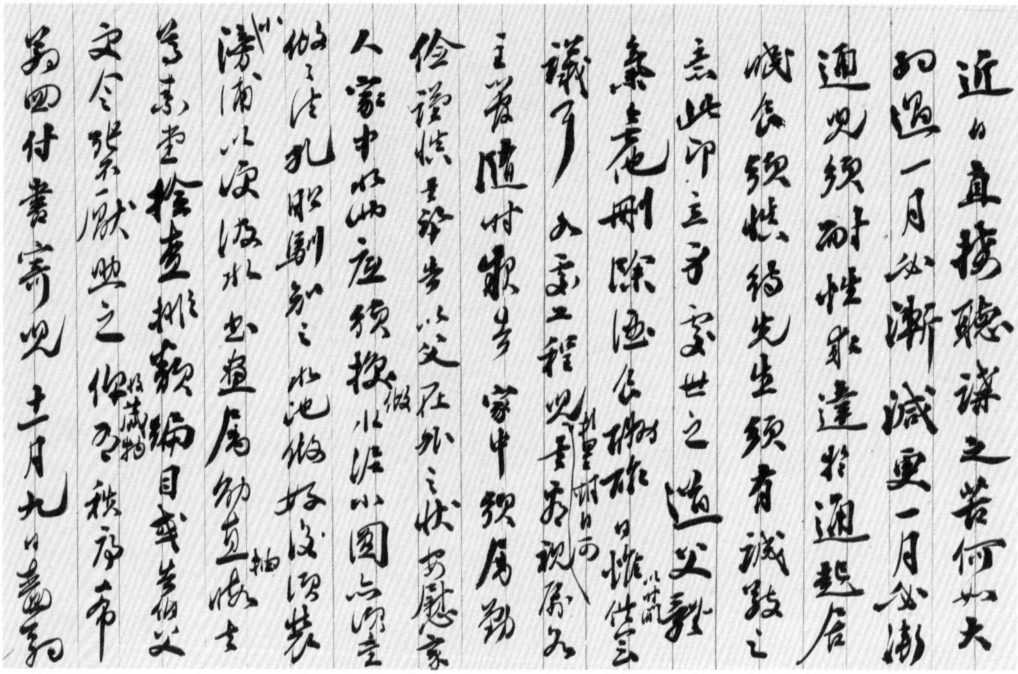

原文

近日直接听讲之苦何如？大约过一月必渐减，更一月必渐通,儿须耐性求达于通。起居眠食须慎。待先生须有诚敬之意，此即立身处世之道。父体气无他，删除酒食酬酢，日惟以时间供会议耳。各处工程，儿于星期日可去看视，属各主管随时报告。家中须属勤俭谨慎。去讯告以父在外之状，安慰家人。家中水池底须换做水泥，小圆亦须重做。做法孔昭驯知之。水池做好后，须装小滂浦[①]，以便汲水。书画嘱劭直抽暇去尊素堂检查，排类编目。或告伯父，更令张不厌助之，收藏物俾有秩序。希翁回，附书寄儿。

十一月九日　啬翁

考释

① 滂浦，即泵，英文pump的音译。

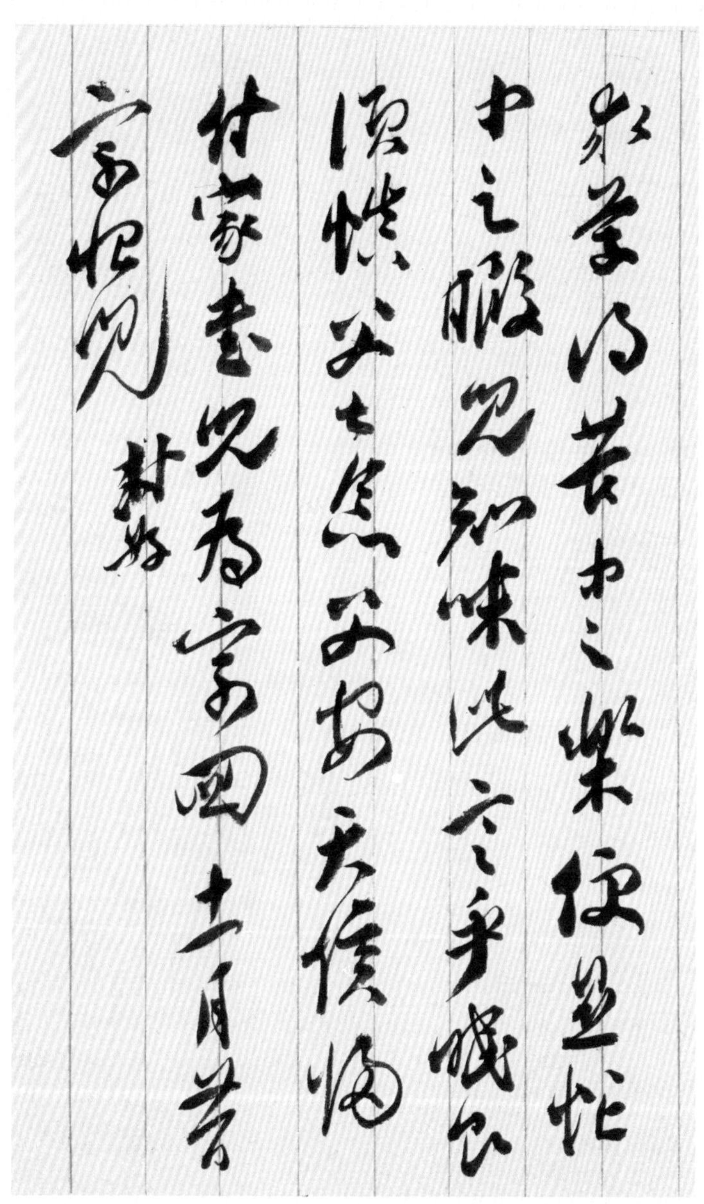

原文

求学得苦中之乐，便是忙中之暇。儿知味此言乎？眠食须慎，父甚念。父安。天侯归付家书,儿为封好寄回。

十一月廿一日寄怡儿

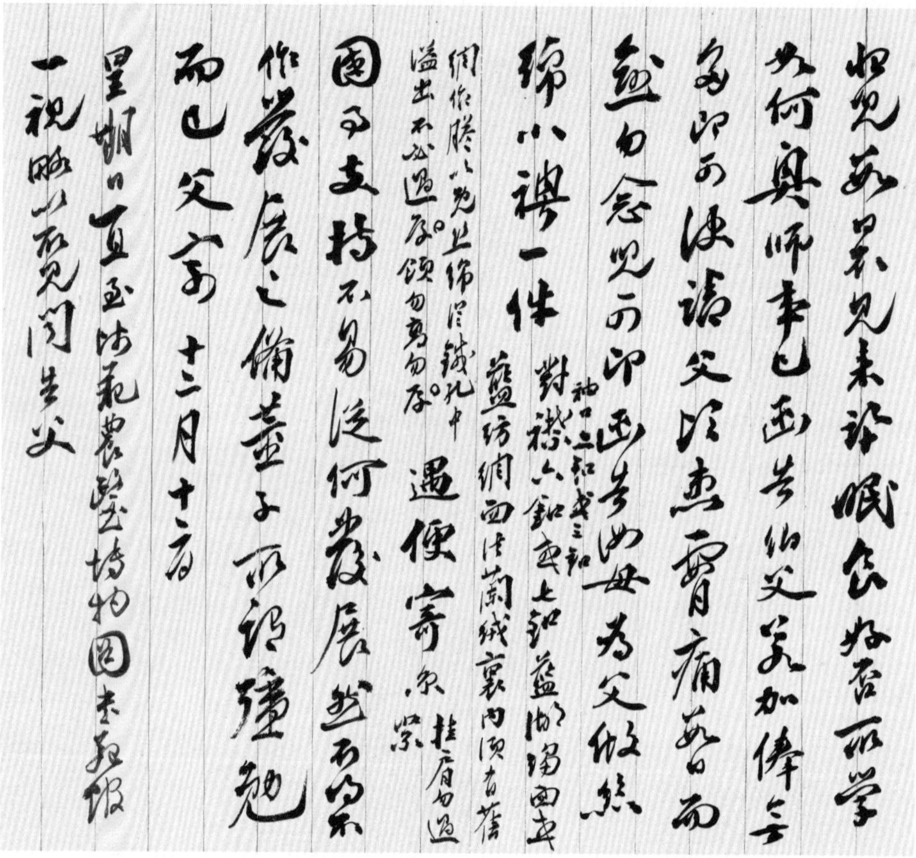

原文

怡儿：

数日不见来讯，眠食好否？所学如何？奥师事已函告伯父，若加俸无多，即可决请。父顷患腰痛，数日而愈。勿念。儿可即函告汝母，为父做丝绵小袄一件（袖口二扣或三扣，对襟六扣或七扣；蓝湖绉面或蓝纺绸面；法兰绒里，内须有旧绸作胆，以免丝绵从绒孔中溢出,不必过厚；领勿高勿厚），遇便寄京①（挂肩勿过紧）。国事支持不易，从何发展？然不得不作发展之备。董子所谓“彊勉”②而已。

父寄。

十二月十二日

星期日宜至师范、农、医、博物、图书苑馆一视，略以所见闻告父。

考释

① 京，即北京。

② 彊勉，又作强勉，发奋努力的意思。典出《汉书·董仲舒传》：强勉学问，则闻见博而知益明；强勉行道，则德日起而大有功。意思是：发奋努力钻研学问，就会见闻广博更加聪明；奋发努力行道，德行就会日见崇高。

本月九日详收报到，今晨为儿批注
论文，可照父批略作之，亦清楚，但
之一法用功，但须按定日程，静心为之，不
可过锐。锐则恐不足持久，亦恐有妨
发左膈腹痛與气滞，或由坐时
过多所致。每日须是散步游行一时半
时。儿所云须温故知新，熟是须温故知新
比日知其所亡，月无忘其所能二语为
进一步。子夏所云是为初学大约教授西
洋时示学子者，孔子所云则中学以上之程
度矣。儿既知之，父望儿学术进，亦望
儿气体强健。此但能宁静即得之。不独属

近年兩次衡生並無以藏成種類如父書
雷翁數日已愈矣勿念圖已外前所
傳大年皮毛畫且無實要之設未合軌
則已之甚深要一念之差（乘偏舟中）在古人深心勝
性懷亦不必為見今之所能力不能勝者
奇纂愚如陳先生來否其綿小稿已
在何做起寄來不須但稿費耳
每月約須賠六七百圓亦不爭二三圓矣
可為父告之如母　十二月十五日寄悉兒
每日功課當多外出段落須好每
日須外出一二時為從容涵泳地步如
此亦佳

原文

本月九日讯昨夜到。今晨为儿批注论文。可照父批，暇日作之，亦浚发心思之一法。用功但须按定日程，静心为之，不可过锐。过锐既虑不足持久，亦虑有妨身体。左膈酸痛，恐是气滞，或由坐时过多所致。每日须是散步、游行一时半时。儿所云“温故知新①”极是。“温故知新”比“日知其所无，月无忘其所能”二语为进一步。子夏②所云是为初学，大约教授西河时示学子者。孔子所云则中学以上之程度矣。儿须知之。父望儿学术进，亦望儿气体健，此但能宁静即得之，不独可以进学，可以卫生，并可以养成德器也。父患腰痛数日，近已愈矣，勿念。国事外间所传大半皮毛，或且无实。要之政未合轨，财已无源。每一念之，若乘漏舟在大风涛中，心胆悸慄，亦不必为儿言，儿脑力不能胜此等忧虑也。张先生来否？丝绵小袄已在京做，恐寄来不便，但稍贵耳。每月约须赔六七百圆，亦不争二三圆矣。可为父告之汝母。

十二月十五日③寄怡儿

每日功课，量力分出段落便好，每日须匀出一二时，为从容温故地步。如此亦佳。

考释

① 语出《论语·为政篇第二》：温故而知新，可以为师矣。意思是：温习从前的知识或经历，能够使自己的智慧得到提高、长进，这样的人就可以做老师了。

② 子夏，即卜子夏（前507—前420），姓卜名商，春秋晋国人，孔子的学生，"孔门十哲"之一，"七十二贤"之一。孔子死后，他来到魏国的西河（山西河津）讲学，授徒三百，当时的名流李克、吴起、田子方、李悝、段干木、公羊高等都是他的学生，连魏文侯都"问乐于子夏"，尊他为师，这就是有名的"西河设教"。

③ 据张孝若《南通张季直先生传记》，此信写于民国三年（1914）十二月。

昨夜大雪厚八寸许，闻南通见
雪一次，麦苗当茂。儿左足痛，是
否肺气不舒所致？可请翁儆二
君细诊察之，并以附子以姜拌入炒
热，塩内（推捺）罨熨之，令否可问翁君，或以
如意油（白）涂掌心，推摩亦好。要使气
血不凝滞，即不痛。父示怡儿
十二月十六日晨起

按世娭到我先与可融
楼上要即去平安附楼上
知

原文

昨夜大雪，厚八寸许。闻南通已见雪一次，麦苗当茂。儿左膈痛是否肺气不舒所致？可请俞、熊二君细诊察之。若以附子、川芎拌入炒热盐内，推转熨之，合否，可问俞君。或以如意油自涂掌心推摩亦好。要使气血不凝滞，即不痛。

父寄怡儿。

十二月十六日晨起

披亚拿[①]到或先安公事厅楼上，或即安平安馆楼上。酌之。

考释

① 披亚拿，即钢琴，英文piano的音译。

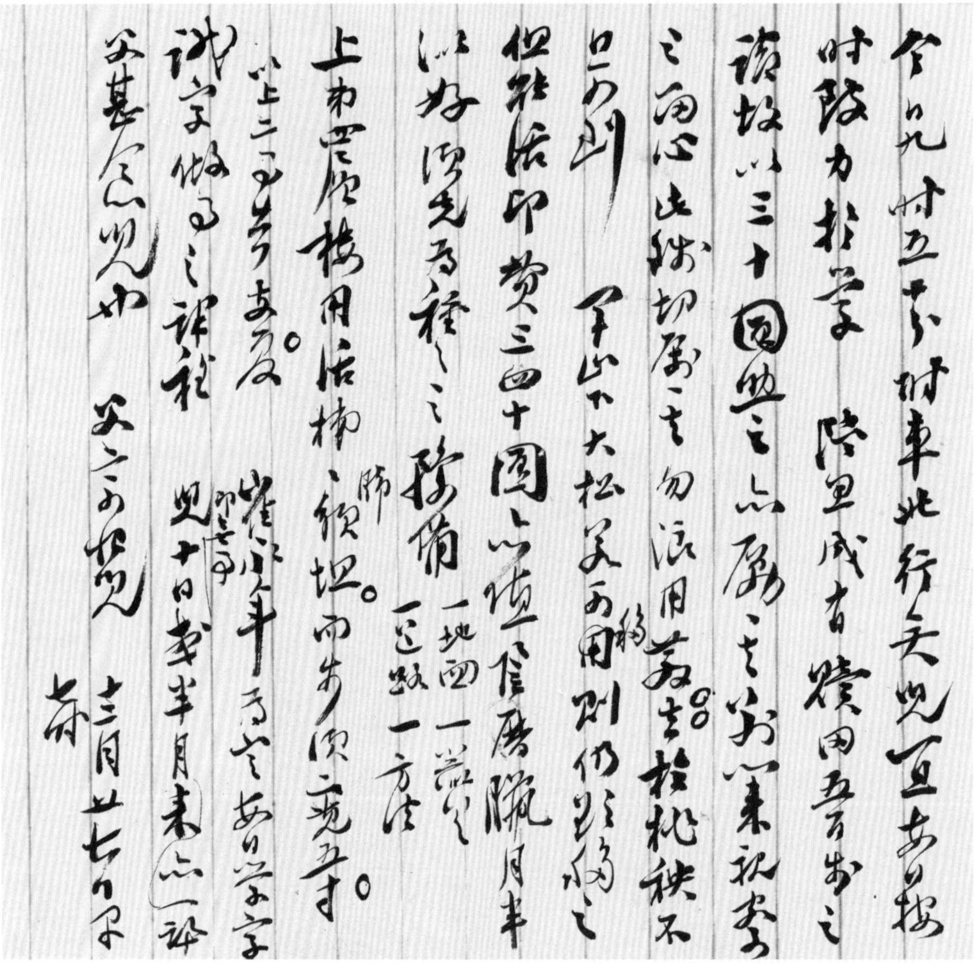

原文

今日九时五十分，附车北行[1]矣。儿宜每日按时致力于学。陆思成有赎田五百步之请，故以三十圆助之，亦励其别业视察之留心。此钱切属其勿浪用散去。核桃秧不日可到。军山[2]下大松，若可移，则仍欲移之。但能活，即费三四十圆亦值。阴历腊月半似好，须先为种种之豫备（一地面，一器具，一道路，一方法）。上第四层楼用活梯，梯脚须坦，而步须宽五寸。以上二事告支夏。崔永年为定每日学字、识字、做事之课程。儿即无事，十日或半月亦来一讯，父甚念儿也。

父寄怡儿。

十二月廿七日早七时

考释

① 据张謇《柳西草堂日记》,民国三年（1914）十一月十一日，“八时过江至浦口，九时车开”。十一月十一日，即公历12月27日。

② 军山，位于南通长江边，高108.5米，因相传秦始皇曾在此驻军而得名。

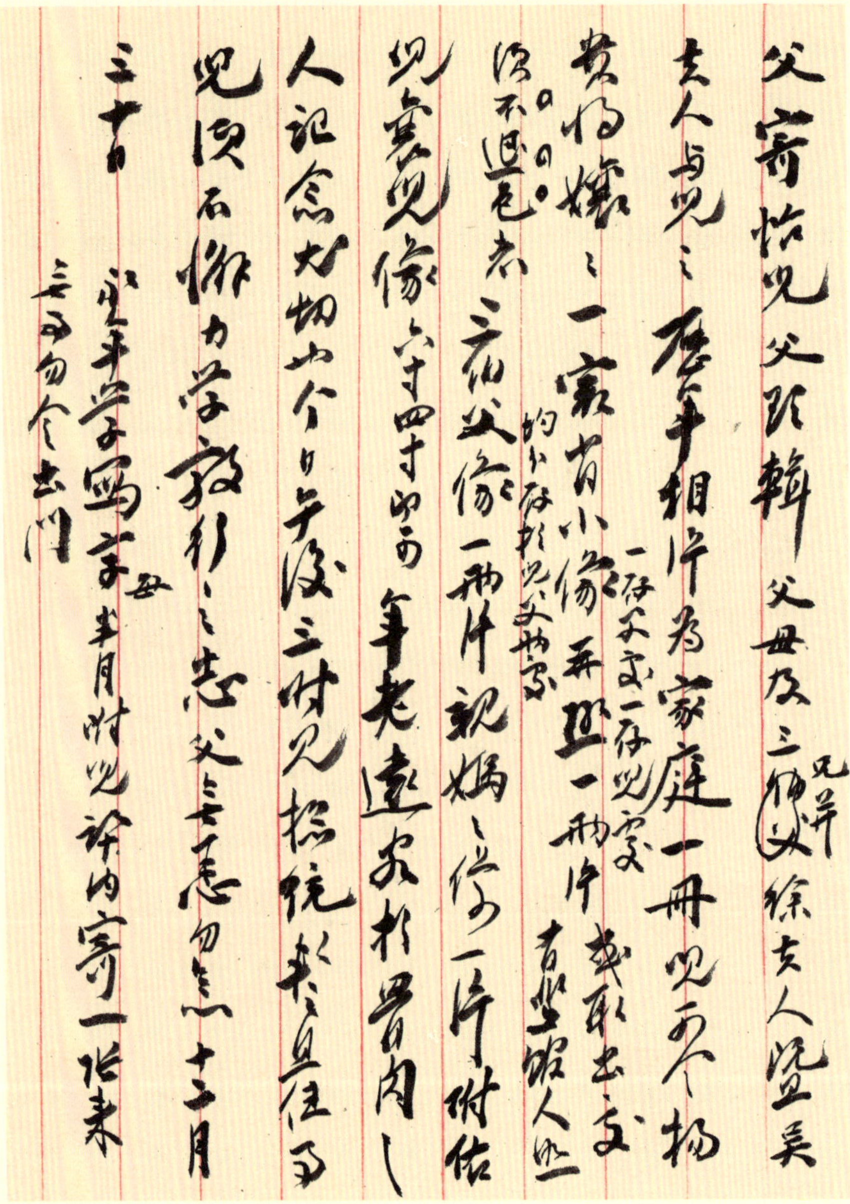

原文

父寄怡儿：

父欲辑父母[①]及三兄并徐夫人暨吴夫人与儿之历年相片，为家庭一册，儿可令杨贵将孃孃一最肖小像再照一两片（或取出交有斐馆[②]人照，须不退色者），一存父处，一存儿处。三伯父像一两片，均分存于儿、父两处。亲妈妈像一片，附佑儿、襄儿[③]像（六寸、四寸即可）。年老远客，于骨肉之人记念尤切也。今日午后三时见总统[④]，暂且任事。儿须不懈力学敦行之志。父无恙，勿念。

十二月三十日

永年学写字，每半月附儿讯内寄一张来。无事勿令出门。

考释

① 张謇父亲张彭年（1818—1894），字润之。张彭年娶了两房妻室，葛氏（1816—1881），生子誉、警；金氏（1820—1879），生子蓉、詧、謇。张謇三兄即张詧。

② 张詧、张謇等为适应南通商业发展需要，于1914年招集股本成立南通有斐旅馆合资有限公司，在长桥南模范路（今濠南路）购地建屋，开办旅馆，定名有斐馆，4月9日开业。

③ 襄儿，即襄祖，张謇的养子。

④ 总统，即袁世凯。

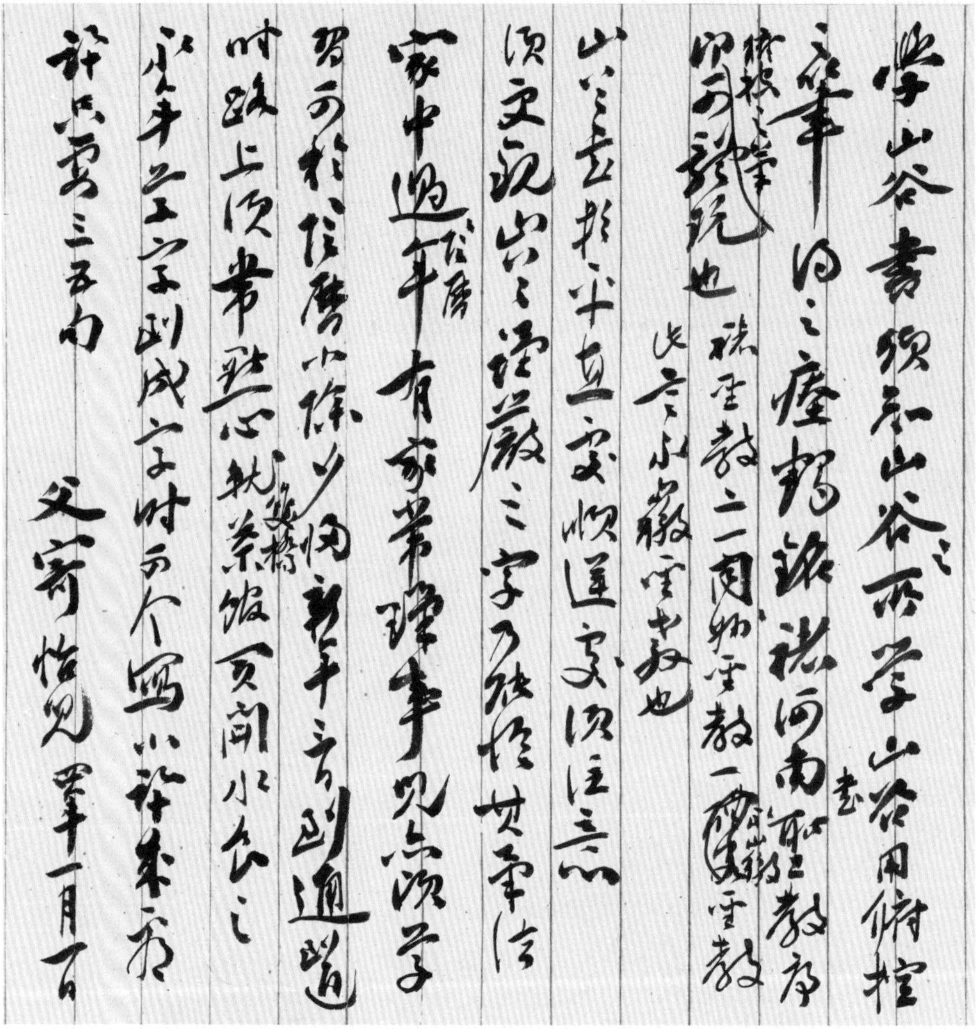

学山谷书，须知山谷之所学。山谷用俯控

笔，得之瘗鹤铭、褚河南圣教序

即所谓脱胎也。褚圣教二，间架圣教一……圣教

此亦小窍，学书要诀也

山谷之书于平中直实，收运空须注意

须变现出之。谨严之字，乃能放其平活

家中过年（松厝），有家常琐事，儿亦须学

习，亦于松厝小筑少闲，新年亦到通州

时路上须常耐心执卷……

此年亦三字到成字时亦不写小楷来看

讲得写三五句

父寄怡儿 十一月 日

原文

学山谷[1]书，须知山谷之所学。山谷用俯控之笔，得之《瘗鹤铭》[2]。褚河南[3]书《圣教序》[4]，即俯控之笔，可体玩也（褚《圣教》二：一《同州圣教》，一《永徽圣教》。此言《永徽圣教》也）。山谷书，于平直处、顺逆处须注意，须更观山谷谨严之字，乃能悟其笔法。

家中过阴历年，有家常琐事，儿亦须学习，可于阴历小除夕归，新年三日到通。到通时路上须带点心，就双桥茶馆买开水食之。永年学字，到成字时可令写小讯来看，讯只要三五句。

父寄怡儿。

四年一月一日

考释

① 山谷，即黄庭坚（1045—1105），字鲁直，号山谷道人、涪翁，洪州分宁（江西修水）人，北宋诗人、书法家。

② 《瘗鹤铭》系著名摩崖石刻，原刻在焦山（江苏镇江）西麓石壁上，宋初被雷击，崩落于长江中，清康熙五十二年（1713）陈鹏年募工打捞出水，仅存五残石，今存焦山碑林博物馆。

③ 褚河南，即褚遂良（596—658或659），字登善，钱塘（浙江杭州）人，一说阳翟（河南禹州）人，唐书法家。

④ 《圣教序》，唐碑刻，全称为《大唐三藏圣教序》。唐太宗制此序，表彰唐僧玄奘至印度取经，回长安后翻译佛教三藏（经、律、论）要籍事，并以之冠诸经之首。

學山谷書頗能形似可去古帖取一二點見精進也近來學山谷者鄭太夷纔縱陳弢菴纔拘兒可從山谷取得法處下手用重筆正鋒直入三五年後可接蹤鄭陳矣

寄去綢料八種三種送吳氏二姊或商量作份五配用五種寄家為去合事之用或兒母收作父回南之祝用　家祥不另寫兒與梁祥言之。

別墅屋頂已蓋好否倩惠久亦湊巧事殊甚寄到已種好否楷樹松。幹。須稻草包護　二事或丑成做

嗇寄怡兒　一月三十日

原文

学山谷书颇能形似，可喜！顷所言欲儿精进也。近来学山谷书者，郑太夷[①]嫌纵，陈弢庵[②]嫌拘。儿若从山谷所得法处下手，用重笔正锋直入，三五年后可接踪郑、陈矣。

寄去绸料八种：三种送贫民工厂，交商笙伯[③]饬工配用，要收条。五种寄家为喜事之用，交儿母收，候父回，商定配用。家讯不另写，儿与母讯言之。

别业屋项已盖好否？冬晴甚久，亦凑巧事。核桃寄到，已种好否？橘树根干须稻草包护。二事交思成做。

啬翁再寄怡儿。

一月三日

考释

① 郑太夷，即郑孝胥。

② 陈弢庵，即陈宝琛（1848—1935），字伯潜，号弢庵，福建闽县（福州）人。清同治七年（1868）进士，晚清清流派主要人物之一。

③ 商笙伯（1869—1962），原名镛，又名言志，字笙伯，号安庐，又号长乐乡人，浙江嵊县人。民国元年（1912），张謇创办贫民工场，聘请商笙伯来通负责贫民工厂事务。

儿辞公理为明[illegible]，是有父
与吾国计已矣。英文语学仍科
学，无益，儿当知之。
近检小袄两与儿寄去，在此
做，勿寄。
阴历过年，家中须换大门中门
对，儿可书之。中门用隶，大门为
擘窠，儿能擘窠否？
家中拟建莫来[illegible][illegible]，儿告伯父
非便之。儿去信家中道父平安。
父六[illegible]付儿。一月四日
吉[illegible]西城[illegible]盛胡同王[illegible][illegible][illegible]为内

原文

儿讯事理尚明晰，已函伯父与易园计之矣。英文语学他科学是两益，儿当知之。

丝棉小袄留与儿穿，父已在此做，勿寄。

阴历过年，家中须换大门、中门对，儿可书之。中门用旧语，大门另拟。儿能拟否?

家中施冠英未交清事，须告伯父督促之。儿去讯家中，道父平安。

父寄怡儿。

一月四日

六日移西城丰盛胡同全国水利局①内。

考释

① 全国水利局为导淮总局改设而成立。1913年12月22日，张謇任全国水利局总裁。张謇1916年1月7日日记记载：“迁居全国水利局。”

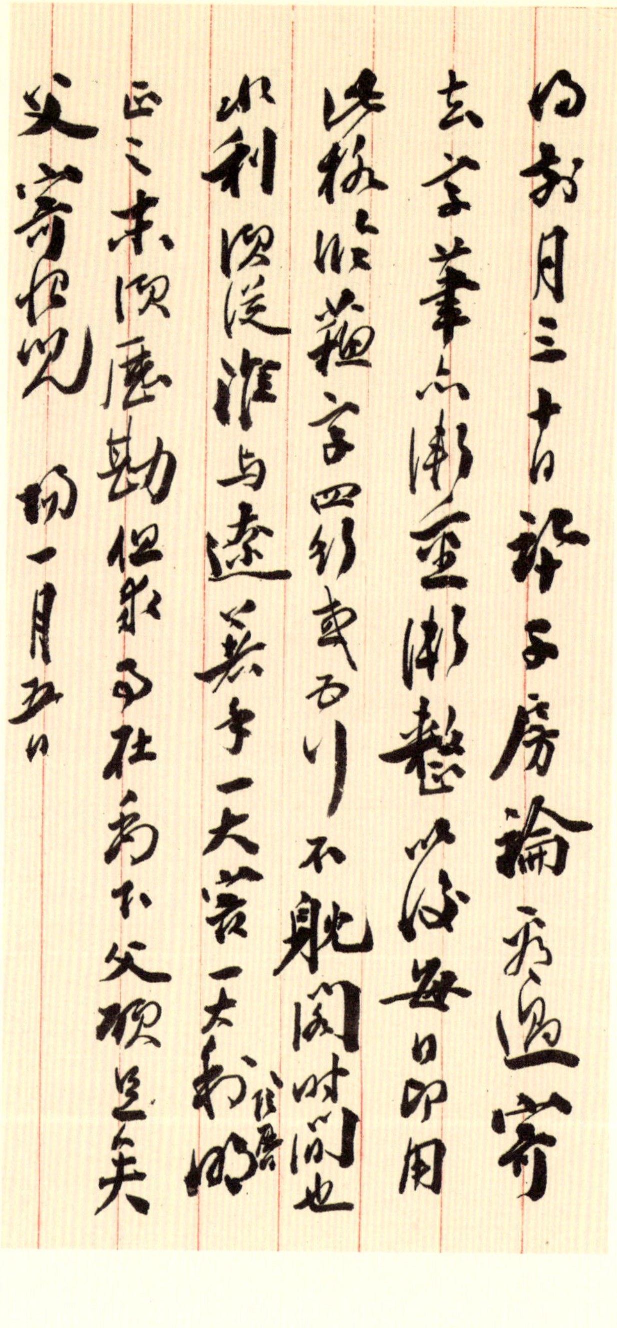

原文

得前月三十日讯。《子房论》看过寄去。字笔亦渐重，渐整，以后每日即用此格，临苏字四行或五行，不耽阁时间也。水利须从淮与辽著手，一大害，一大利，阴历明正之末须历勘。但求事在禹下，父愿足矣！

父寄怡儿。

阳一月五日

可再写一封来，不知前有稿否

儿前与丁敦立论，吵见丁云未收到，可怪。

常问铭庵汇文大学事，因初有诗去。

儿可与罗谈，按风闻常有坏但又独

其异耳。棠槲移远于正在计画中，勿异。

庭须盖好其壁，（不知）雪前雪后，要层上下藏

衣物不可藏，书画止可大概适用而已，无取

自备也。那时俸水须自四年十一月起。

父寄怡儿

一月九日

原文

儿前与丁嘉立[①]讯，顷见丁，云未收到，可怪！当问饴庭。可再写一封来，不知前有稿否？汇文大学[②]事，泽初有讯去，儿可照办。清华校风闻尚不坏，但父嫌其毕业期较远耳，正在计画中。别业屋顶盖好，甚慰。不知雪前雪后四层上可藏衣物？不可藏书画，止可大概适用而已，无取周备也。雅师俸照加，自四年一月起。

父寄怡儿。

一月九日

考释

① 丁嘉立（Charles Daniel Tenney，1857−1930），又译丁家立、丁嘉利或丁加立。号品斋，美国人。1882年来华传教。1895年协助盛宣怀规划建立天津北洋西学学堂，次年更名为北洋大学堂，丁家立被聘为总教习。1912年，被任命为美国驻南京领事馆领事。

② 汇文大学，即汇文书院，美国基督教美以美会在北京创办。由1870年一个只有3个男孩的日校，逐渐发展演变成1888年的汇文书院（Peiking University），1904年更名汇文大学堂，1912年更名汇文大学校。是1916年创办的燕京大学的源流之一。

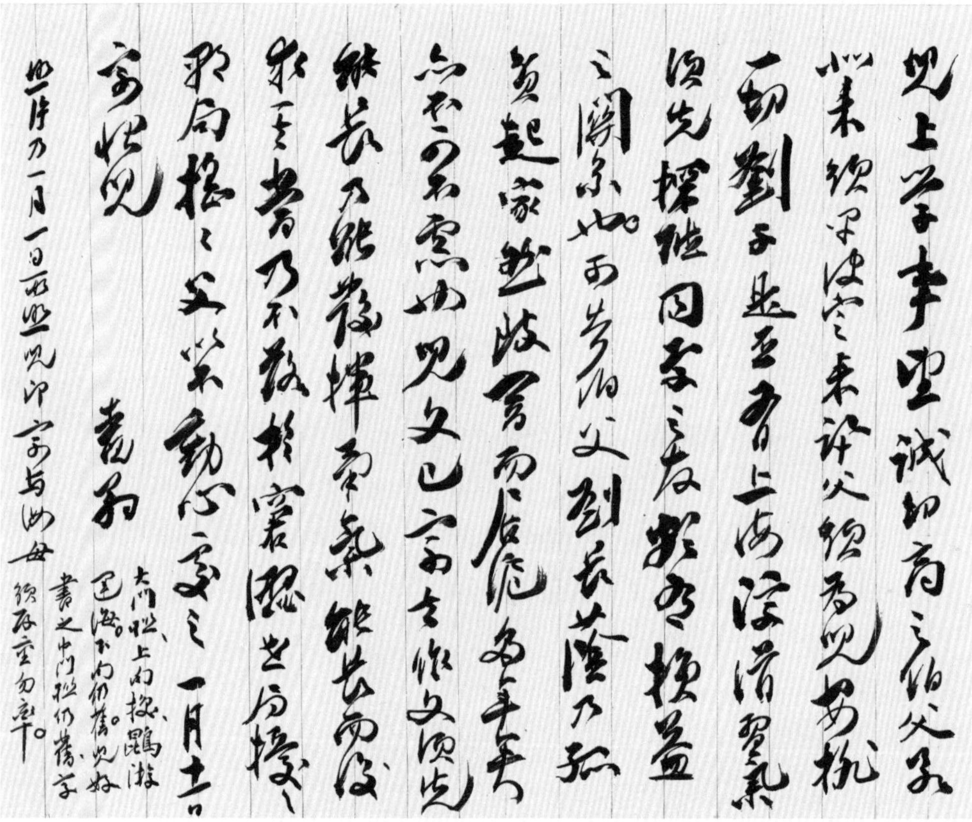

原文

儿上学事，望诚切商之伯父。若北来，须早决定来讯，父须为儿安排一切。刘子是否有上海浮滑习气，须先探听。同学之友，颇有损益之关系也。可告伯父。刘长荫[①]乃孤贫起家，然致富而居沪多年矣，亦不可不虑也。儿文已寄去。作文须先能长，乃能发挥笔气；能长而后求其当，乃不落于窘涩。世局扰扰，朝局摇摇，父以不动心处之。

一月十一日寄怡儿

啬翁

大门联，上句换“鹍游运海”，下句仍旧。儿好书之。中门联仍旧。字须厚重，勿率。

照片乃一月一日所照，儿即寄与汝母。

考释

① 刘长荫，汉阳县人，少孤，为刘歆生父亲收养，天主教徒。发迹于上海，任法国立兴洋行总买办。1895年，推荐刘歆生任法国立兴洋行汉口分行买办。

来谕不书月日，於何即难为十日也，此未可也。
儿能勤学励行，足慰父志，父今亦惟儿是
望而已。邹载之称吾兴民事乃学愿之所
为，父之进退自当权之义礼。和雪诗略穷，
诗须先有意，意须有层次，炼字则须多
读书乃能有据，不可急。欲儿母辛苦若安知
之，起间不可十二时寝，平常十时足矣，亦可省
於丈，儿可为母言之。父不另作书。
父字付怡儿　一月十五日

原文

来讯不书月日，于局印辨为十日，此未可也。儿能勤学励行，足慰父志。父今亦惟儿是望而已。报载之语，并无此事，乃党派之所为。父之进退，自当权之义礼。《初雪》诗改寄。诗须先有意，意须有层次。若字句，则须多读书，乃能真确，不可急求。儿母辛苦，父知之。夜间不可十一时寝，平常十时足矣；亦可省灯火。儿可为母言之。父不另作书。

父寄怡儿。

一月十五日

需安饭堂台楼下之门，其玻片本是琉璃料，

现据门仍换玻片，将琉璃料换下易配两匡

以装之，其匡亦用楷木做，红木色，要用图做

亦好。　怡儿知之，扬贵为用图之之

一月廿二日

原文

平安馆望台楼下之门，其玻片本是镜料，现拟门仍换玻片，将镜料换下，另配两框以装之。其框可用椐木，做红木色，交周恩做亦好。怡儿令杨贵为周恩言之。

一月廿二日

青狐膁皮统，乃舅[illegible]下裁（改）做马褂有多馀者，价卅六圆，此皮家常出客皆可用者。白狐膁则止好出客，然嫌[illegible]青白狐膁外褂一件，寄来可以路用，俟父回再[illegible]，可以买原旧褂衣（表）回，其皮板好也，可即寄回。父 一月廿六 示怡儿

[illegible]可寄与儿母

时[illegible]

原文

青狐膝皮统乃男袍下截，改做女袄，有多无少，价卅六圆。此皮家常出客皆可用；若白狐膝，则止好出客。似嬢嬢从前有白狐膝外褂一件，将来可以改用，候父回再配。所以买原当旧衣者，因其皮板好也。可即寄回。

父　一月廿二日夜九时书

此纸可寄与儿母。

为儿一日四日谕甚慰此儿所钦能使父如
在家庭如川通海闸村路亦许办未及虽大
法尚是一缺点凡人年少阅者当发愤治
之精敏乃为正轨否则须经百变患乃为困
心衡虑之效父十六岁以前受乡里小儿之轻
十八岁从吏通州依父之辱故立志年仲冬
百为与及作客於外十余年方出崎岖
名场踪迹然亦一日可以为舆以是遂家少
年之过今父不能常与儿处安一设想设觉
感慨横集觉为儿图而家境磨练之功利
太少也使儿心喻此理时时体察国势之沐

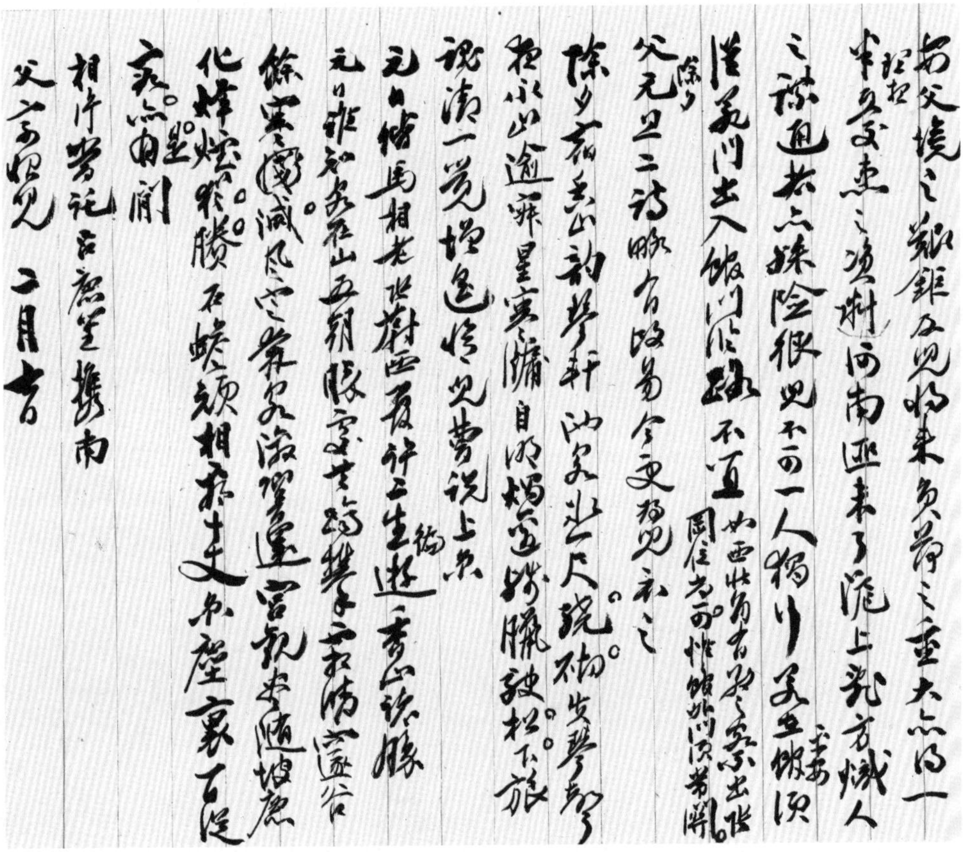

原文

得儿一日、四日讯，甚慰。以儿所叙，能使父如在家庭，如行通海间村路也。讯中未及雅大师如何，是一缺点。凡人年少须有贤友名师之督教，乃得正轨。否则须经忧患，乃得困心衡虑之效。父十六岁以前受乡里小儿之轻，十八岁后受通如伧父之辱[①]，故在青年未尝一日高兴。及作客于外十余年，身世崎岖，名场蹭蹬[②]，亦无一日可以高兴。以是遂寡少年之过。今父不能常与儿处，每一设想，便觉感慨横集，觉得儿所处境，磨练之资料太少也。使儿心喻此理，时时体察国势之未安，父境之艰巨，及儿将来负荷之重大，亦得一半理想忧患之资料。河南匪未了，沪上乱方炽，人之谋通者亦殊险很。儿不可一人独行，若在平安馆，须从苑门出入。馆门临路不宜，如西北角有警察出张岗位尚可，惟馆外门须常关。

父除夕、元旦二诗略有改易[③]，今更为儿示之。

《除夕宿香山韵琴轩》：池泉冰一尺，绕砌失琴声。夜永山愈寂，星寒牖自明。烛边残腊驶，松下旅魂清。一觉增遥忆，儿曹说上京。

《元日偕马相老[④]、张蔚西[⑤]、管[⑥]、许二生遍游香山诸胜》：元日谁知客在山，五朝胜处共跻攀。霜晴邃谷余寒减，风定奔泉激响还。宫观尽随坡鹿化，烽烟犹剩石蟾顽。相看十丈京尘里，一日从容亦是闲。

相片当托吕鹿笙[⑦]携南。

父寄怡儿。

二月七日[⑧]

考释

① 伧父，亦作伧夫，意为鄙贱之夫。张謇所谓“十八岁后受通如伧父之辱”，系指自己科举考试经历中的“冒籍风波”。同治七年（1868），张謇经他人介绍，冒充如皋人张驹的孙子，并改名张育才，在如皋应试。院试被取中第二十六名附学生员，获秀才称号。但从同治七年到十二年（1873），张謇全家受尽张驹等人的敲诈与凌辱。

② 张謇于同治七年考中秀才，至光绪二十年（1894）考中状元，在科举道路上经历了长达二十六个春秋的坎坷曲折，历经县、州、院、乡、会等各级考试二十多次。

③ 民国三年正月一日（1914年1月26日），张謇《柳西草堂日记》记载“有诗”，诗题分别为《除夕宿静宜园韵琴轩》《岁朝偕马相老，张蔚西，管、许二生遍游香山寺静宜园诸胜》。

④ 马相老，即马相伯（1840—1939），原名建常，又名良，江苏丹阳人，天主教徒，中国近代教育家、慈善家。1903年创办震旦学院。1905年创办复旦公学。光绪九年（1883），张謇与马相伯初识于朝鲜，在新式教育、慈善事业、立宪运动和地方自治中相互支持。

⑤ 张蔚西，即张相文（1866—1933），字蔚西，号沌谷，江苏泗阳人，中国近代地理学家。1914年，与张謇、王同春等组建西通垦牧公司，开发河套地区。民国初期与张謇等共同推进苏北铁路建设。

⑥ 管，即管国柱，号石臣，辛亥革命后任张謇秘书。

⑦ 吕鹿笙，即吕道象，江西德化人。光绪十六年（1890）进士，江都知县，淮南垦务局总办。张謇友人。

⑧ 张孝若《南通张季直先生传记》记载，此信写于民国四年（1915）二月。

除夕元旦詩訊（正初四日）並五紙皆今日到

兒學山谷書進步殊速父心至（知兒之意父也）

喜兒須知父母見子之善而喜則

不善之憂可知矣詩頗好仍寄

去兒細味之即詩之律也兒想

坐小車到通來物婦想是即

京汽車去此因東初兒詳推知之

對案松已種否念之兒有問雅

收好已另由郵寄其友人

父寄怡兒 二月廿六日 正月九日

原文

除夕、元旦及初四日诗、讯共五纸（知儿之念父也）皆今日到。儿学山谷书，进步殊速，父心至喜。儿须知父母见子之善而喜，则不善之忧可例矣。诗改好仍寄去。儿细味之，即诗之律也。儿想是小车到通，秉初妇想是即乘此车去，此因秉初兄讯推知之。别业松已种否？念念。儿为问雅师好，已另有讯答其夫人。

父寄怡儿。

二月廿二日　阴正月九日

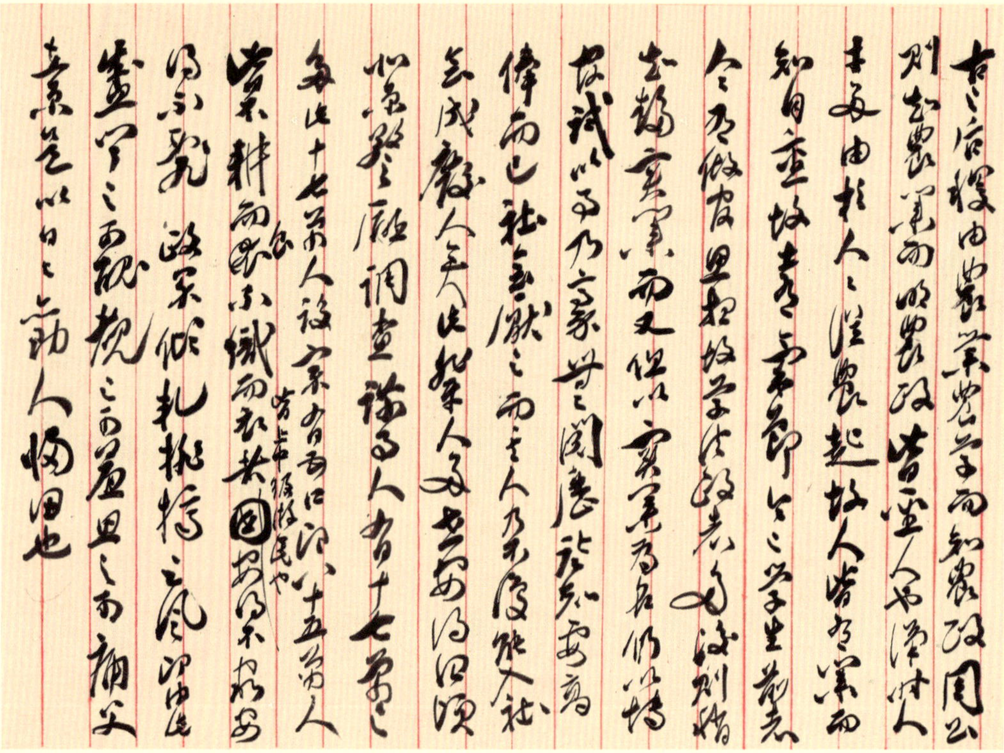

原文

古之后稷由农业、农学而知农政，周公则知农业而明农政，皆圣人也。汉时人才多由于人人从农起，故人皆有业而知自重，故士有气节。今之学生，前者人人有做官思想，故学法政者多；后则稍知趋实业，而又但以实业为名，仍以博官。试以事乃毫无阅历，徒知要高俸而已。社会厌之，而其人乃不复能入社会，成废人矣。此辈人多，世安得治？顷北京警厅调查，谋事人有十七万之多。此十七万人，设家有五口，即八十五万人皆不耕而食、不织而衣者，皆上中级游民也。国安得不穷？安得不乱？政界倾轧排挤之风即由此盛。闻之可丑，睹之可羞，思之可痛！父在京是以日日劝人归田也。

得一日谕并前数谕，儿写讯渐进，能[illegible]
矣。计今到平安饭已一星期，上课可照常。南
中以雪否？昨今日者中小雪而不大寒。父秋
气喘甚愈，儿辞节别，棠屋须书已盖满，能以
田祖进所以属儿转告西人之手判不
应交者之也
一 新棠屋须盖好，须即须收拾地面为种树之备
一 坊厂院工程
一 气象台地址　　军山厨舍、新项工程
应理算之者
一 收长桥南之店屋　　与苏老娘换屋五福房子南之屋
一 闸继当之取住之屋，是否已收，或有别种收法
应核思之者

一金梭前月經右發所擬做法已做妥

一金梭河東之荒地已收拾約千方丈
為田成之者

一秋色坪已完工矣　小匯水閘已安好矣

一安排種果樹之地　果樹多未暫寄苑內擬
於江灣蘇果園

一今每日小工所做之工須有陳莫而立一簿每
日先計次以應做之工次以記實做之工方可矣

核

以上為弟所示之做法開列於十日內報告一次
三舅父錢洛承述目前右手麻木，病勢不甚
記念

壽翁賓收覽

一月八日

原文

得一日讯并前数讯。儿写讯渐进，能以简短之句言情矣。计今到平安馆已一星期，上课可照常。南中得雪否？昨今日都中小雪而不大寒。父体气无恙。儿体如何？别业屋顶当已盖满。兹以思想所到，属儿转告他人之事列下：

为支夏言者：

—别业屋顶盖好后，即须收拾地面，为种树之备。

—残废院①工程。

—气象台②地址、军山庙舍两项工程。

为跃翁③言者：

—收长桥南之店屋，与某老媪换屋（五福房子南之屋）。

—问熊省之④所住之屋是否已收，或有别种收法。

为徐恩⑤言者：

—奎楼⑥前月堤石驳两种做法已做否？

—奎楼河东之荒地已收拾到若干方丈？

为思成⑦言者：

—秋色坪已完工否？水匮、水管已安好否？

—安排种果树之地。果树多者暂寄苑内，拟于江边别营蔬果园。

—令其每日小工所做之工，须有豫算、决算。可立一簿，每日先计次日应做之工，次日记实做之工，方有考核。

以上可分别示之。仍属各处于十日内报告一次。三伯父针后所患右目昏、右手麻之病如何？父甚记念。

啬翁寄怡儿。

一月八日

考释

① 残废院，张謇1912年创办于南通狼山北麓，1916年落成。

② 气象台，即南通军山气象台。张謇于1913年规划建设，1916年11月25日开办，1917年1月1日开测。

③ 跃翁，即宋龙渊。

④ 熊省之，即熊辅龙，字省之，生于光绪十二年（1886），江苏武进人。参与创办南通医学专门学校，并担任该校首任主任。

⑤ 徐恩，张謇属僚。

⑥ 奎楼，即奎星楼，位于南通中公园内。

⑦ 思成，即陆思成。工匠，曾为张謇负责濠南别业建筑工程。

六日谕於午后到，方中所云热寒之[illegible]代表
七度。寒热之度常相对待，於人为盛衰之
倚伏也。来谕文法但多二字（放光明须勤惕 放须二字多），已为进步
诗路好。寓士胡帝胡天，出诗经。识之见出佛经
唐薛灵芸（工绣人称）为针神。作诗须是有佛经之意等句
转换也。儿所修乡帰理料家事，极善极善（三日四），报父之
四涸遇否？雨色已不佳。望儿须勤伯父，廿见气多宜
劝。石佛寺东三人现合请一人学英语，已上课矣。寄
四状要统於儿母，而觅便寄家。今年春季之
须薪每月二元，帐房扣（存）一元五角，止给零用每月五
角。所剩之钱为之置衣之用。写字须令有常课。
父寄怡儿 一月廿一日晨
家中换地板，须令李顺记来作，派人

原文

六日讯昨午后到。都中昨亦极寒，寒暑表低至七度。寒热之度常相对待，犹人事盛衰之倚伏也。来讯文法但多二字，“放光明、须勤慎”，“放”“须”二字多，已为点去。诗改好寄去。“胡帝胡天”[①]出《诗经》，“针针见血”出佛经。唐薛灵芸[②]工绣，人称为针神，作诗须是意有伸缩，笔有转换也。儿小除夕归，理料家事，三日回，极善极善。三伯父已回通否？面色已不滞否？儿须劝伯父少见客，多运动。石、泽、秉三人现合请一人学英语，已上课矣。寄回狐皮统于儿母，可觅便寄家。永年督察之须严，每月二元，属帐房扣存一元五角，止给零用每月五角，所扣之钱为其置衣之用。写字须令有常课。

父寄怡儿。

一月廿一日晨[③]

家中换地板，仍令李顺记木作派人。

考释

① 胡帝胡天，形容服饰貌美如天神。语出《诗经·鄘风·君子偕老》：胡然而天也？胡然而帝也？意思是：莫非尘世出天仙？莫非帝子降人间？

② 薛灵芸，即薛夜来，本名灵芸，三国魏（张謇误记为唐）常山人，妙于针工，有针神之称。

③ 据张謇《柳西草堂日记》，民国三年十二月七日（1915年1月21日），“石、泽、秉共学英文”。

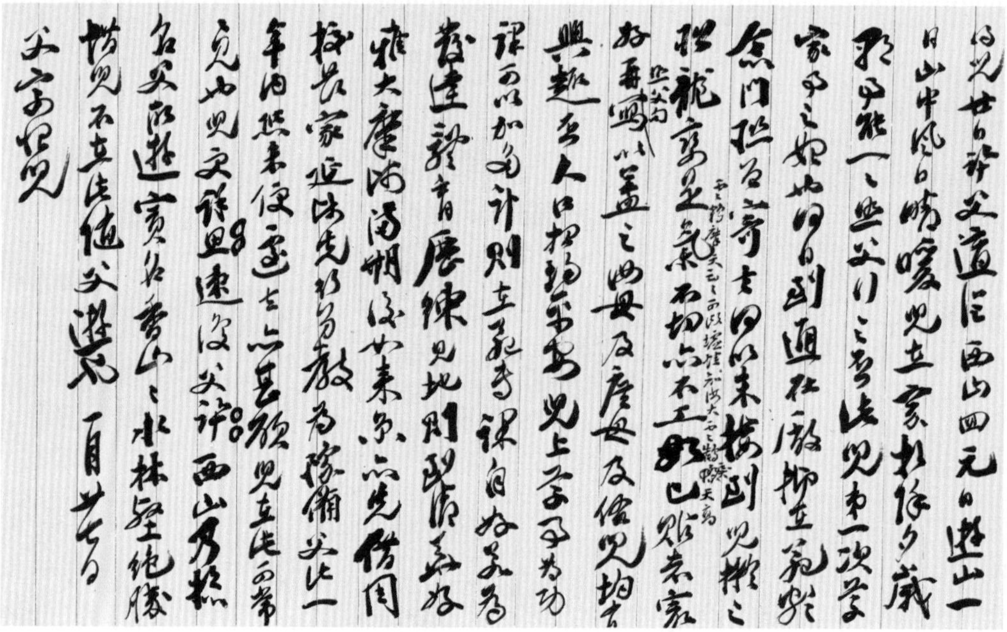

原文

得儿廿日讯，父适从西山回。元日游山一日，山中风日晴暖。儿在家于除夕、岁朝事，能一一照父行之否？此儿第一次学家事之始也。何日到通，在厂抑在苑？颇念！门联曾寄去，何以未接到？儿拟之联："龙变是气"，不切亦不工。"云鹤摩天"云云，可改"墟蛙知海大，云鹄唳天高"。如已贴者，最好再照父句写以盖之。汝母及庶母及佑儿均有兴趣否？人口想均平安。儿上学事，为功课可以加多计，则在苑专课自好。若为发达体育，历练见地，则到清华好。雅大摩师满期后，如来京，亦先借周校长家，延师先行另教为豫备。父此一年内恐未便遽去，亦甚愿儿在此可常常见也，儿更详思，速复父讯。西山乃总名，父所游实名香山，山水林壑绝胜。惜儿不在此随父游也。

父寄怡儿。

一月廿七日

廿九日諭令晨到　衣防隨營年內能完否　河邊之屋

何不在前所買屋外東南北三面地上[將]多餘之屋取出用之

前所買南面園墻上亦須安一門　屋內水管年內能安[完]否

風車吸水力如何。試日滴水一滴。水表曾安否。井未凍否。

平安醫門換錢作辦法亦安　張詧為父[交]送念　以平安日附問

[illegible]三分一[illegible]三分之二做事而人之出外

父示怡兒　二月六

原文

廿九日讯今晨到。石阶阴历年内能完否？河边乏泥，何不在别业屋外东南北三面地上，将多余之泥取出用之。别业南面围墙上亦须安一门。屋内水管年内能安完否？风车吸水力如何？几日满水匮？水表曾安否？井不冻否？平安馆门换玻片办法妥。雅师处为父道念。永年每日时间须令三分之一学字、学算，三分之二做事，勿令出外。

父寄怡儿。

二月二日

怡儿

前函语气不顾似来父所虑者科

学专不至耳。不知是经济学原理何所采用

一义，图大学之科，分英美方之，儿自考之

於中印，学校许荐校长，学之师也，将丁家

之言。儿英文如文法尚不错，然至儿此函矣，日

人与积分界之所知二十余。今人不得其时

然不耐之，与后一二月内必有一变，相以难云之

父所不为，别是地位，只有勤敬之，务以义定

之而已。儿须知，与子本不可为家之亡人才，不可为

国者力以学问存，义志气，以待为国雪耻之初

父许儿西来之说　父示怡儿　二月六日

外间多且勿告母，无忧其操心，并使心虑之益也

原文

玩儿前函语意，不愿北来，父所虑者科学或不足耳。不知雅师如何？属韩竹平[①]开一美国大学学科分数表寄去，儿自省之。竹平即管、许、薛授英语之师也。晤丁家立云，儿英文好，文法亦不错，必已见儿函矣。日人无理要求之款至二十余[②]，令人不复可耐。然不耐亦无法。一二月内必有变相，临难而去，父所不为。到此地位，只有静观其变，以义处之而已。儿须知无子弟不可为家，无人才不可为国。努力学问，厚养志气，以待为国雪耻。与三伯父讯，儿可看后送去。

父寄怡儿。

二月二日

外间事且勿告汝母，恐其担心忧虑，无益也。

考释

① 韩竹平，即韩安（1883—1961），字竹平，又字竹坪，安徽巢县（巢湖市）人，林学家，中国近现代林业事业的奠基人之一。1907年夏赴美留学，先后就读于康奈尔大学文理学院和密歇根大学，1909年获理学学士学位，1911年获林学硕士学位，后又转往威斯康星大学农科学习一年，1912年回国。张謇任农商部总长期间，韩安担任农商部佥事。

② 指日本妄图独占中国的秘密条款“二十一条”。

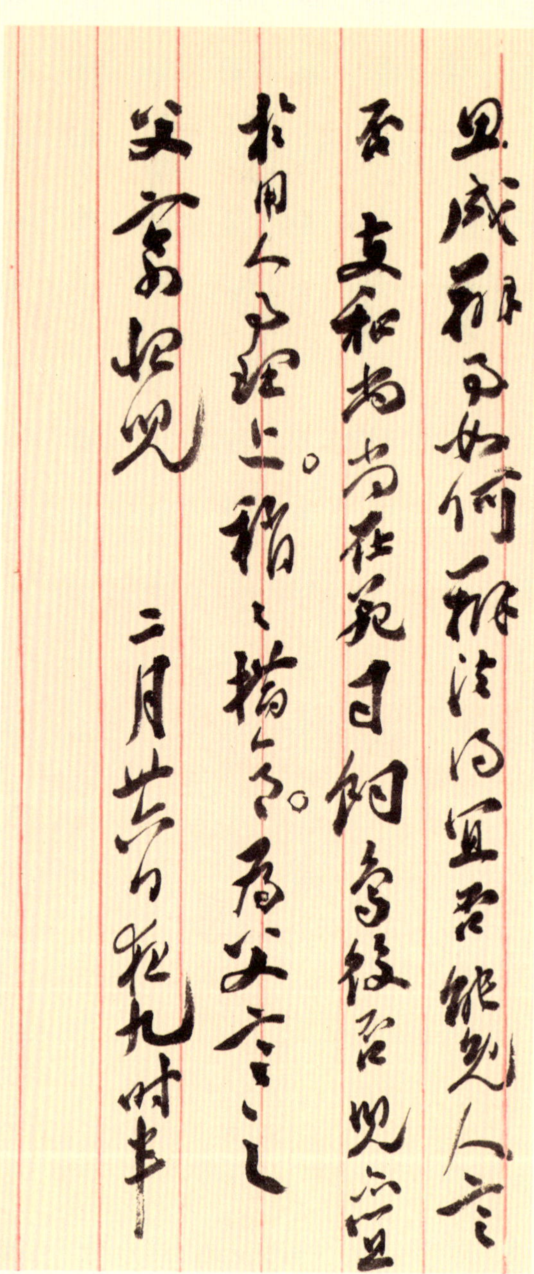

原文

思成办事如何？办法得宜否？能免人言否？支和尚尚在苑司饲鸟役否？儿亦宜于用人事理上稍稍措意，为父言之。

父寄怡儿。

二月廿六日夜九时半

雅大夫人至通，儿恐须移往楼下矣。不
移家於此，或案至月底者一面佳，若否而往
别有所寝之至一家坐已面见不可佳别作
佳论今亦宜。父於后三月一二日可
至通与儿晤也。於今儿尽孝之子当

二月四日

父二十七日 怡儿

原文

雅大夫人至通，儿恐须移住楼下。若不移，更好。别业至月底有可住者否？可住则有两寝室，一客座已可。若不可住，则仍住谦亭亦宜。父于阴历二月一日、二日可至通与儿晤也。前令儿查考之事如何？

父寄怡儿。

三月四日

怡儿：父字。儿知用功，父心大慰，为之加餐。[illegible]而以树子妙境，学之亦须常[illegible]勤，[illegible]或须习大字法。

父 三月十七日

[illegible]母安否[illegible]

原文

伯父言儿安详用功，父心大慰，为之加餐。左肋痛可以附子炒盐熨之，亦须常行动舒气，或温习拳法。

父寄怡儿。

三月十七日

父安。可告汝母及庶母。

齊文改還。兒勤學，父所喜慰。但向過銳，以致妨體。於辛苦中尋有樂趣，則天機自活。此在游息以濟神紓也。

父示怡兒

三月廿七日

原文

寄文改还。儿勤学，父所喜慰。但勿过锐，以致妨身。能于辛苦中得有乐趣，则天机自活。此在游息以牖神智耳。

父寄怡儿。

三月廿七日[①]

考释

① 张孝若《南通张季直先生传记》记载，此信写于民国三年（1914）三月。

到京所闻亦佳状，父亦亦心不欲子之便去。必若子之志，当与诚言之，使人人及劝策，则子可成为一佳耗，不知究竟如何。人非有农工商正一业，必不能自立于世。今以所观察于观，儿注重农业，农业能治畜牧，亦佳[illegible]。父之意，种家畜，今闻为以新业牧场经营之地，两年后可牧畜百头也。儿母昔已念之，后起居须调理，使儿心遊世[illegible]交际之不[illegible]。居家做人总宜和厚俭朴，儿可告母，父一切无恙。能悔则早悔，必悔也。父亦不怪儿。儿起居须有定时，古功课附，不可见家之无好，予甚且谢。无多，能完此书亦好。

六月廿四日

原文

到京所闻无佳状，父意亦不欲草草便去，必尽吾之忠告与诚意。法人卜夏[①]劝业银行事可成，乃一佳耗，不知究竟如何？人非有农工商正业，必不能自立于世。今以所观察，尤愿儿注重农业。雅师曾习牧，亦佳遇。父已属程家齐[②]冬间为筑新牧场堤矣。地可千亩，羊可牧数百头也。儿母当已愈，愈后起居须调理。佑儿亦然。世变纷纷不定，居家做人总宜和厚俭慎。儿可告母，父一路无恙[③]。能归则早晚必归也。

父寄怡儿。

儿起居须有定时。有功课时不可见客，客无好事者宜谢。无事多看几张书也好。

六月廿四日[④]

考释

① 卜夏，法国人，法国巴黎各省联合总银行代表。张謇出任农商总长以后，曾积极参与筹建中法劝业银行。1914年10月9日张謇《柳西草堂日记》记载，“法人卜夏签定劝业银行合同”。

② 程家齐，通海垦牧公司职员。

③ 指1914年4月，时任民国政府农商总长、全国水利局总裁的张謇与荷兰工程师勘察淮河一事。

④ 张孝若《南通张季直先生传记》记载，此信写于民国三年（1914）六月。

出门已六日，别来地工当旋，李作已开工否？陆堤

成能留勉监工否？路渐腥[illegible]婴，父之仕

必自不可无之首尾起讫，或不待莼菜之秋风也

儿宜自勉，于学归来，仍当致力于农，此是我家世

业，世界高极不能见，随处[illegible]见趋也，天然

睡起皆宜早，宜以英文[illegible]温理论[illegible]译

以英文亦[illegible]之法，但恐文法为不足用耳，昔评西

告汝母知安

父示怡儿 六月廿六日

原文

出门已六日，别业地工当竣。李作已开工否？陆思成能黾勉监工否？政海腥潮，万恶万孽，父之仕止，自不可无首尾起讫，或不待莼菜之秋风也[①]。儿宜自勉于学，将来仍当致力于农，此是吾家世业，世界高格，不愿儿堕仕路之恶鬼趣也。天热，睡起皆宜早。宜以英文之暇，温理《论》《孟》。最好译以英文，亦兼治之法，但恐文法尚不足用耳。有讯回，告汝母父安。

父寄怡儿。

六月廿八日[②]

考释

① 典出《晋书·张翰传》：翰因见秋风起，乃思吴中菰菜、莼羹、鲈鱼脍，曰：人生贵得适志，何能羁宦数千里以要名爵乎！后以"莼羹鲈脍"或"莼鲈之思"为辞官归隐的典故。

② 张孝若《南通张季直先生传记》记载，此信写于民国三年（1914）六月。

怡儿：函来并文稿俱悉。为石氏家书有大字小字册本，而稿大字甚工，中楷者益于稿书作文写字，亦于做人之道。稿则上去今日定须图出，不可悠悠，定须理出。每日既改课，则无论时间如长，而以帖（或铜墨盒亦可）用银圆大方板，七叔家桃井印。稿有石氏家书并函遍，儿之论宜晚饭后下睡，九时后十时前不可过，年轻须睡足八时方有精神。论孟日须十叶，家书稿三页可也。中兰大老 一二·六夜七

儿之相片行以寄者之，家人亦安，勿慰。论文气象者可暂下点，不得惟作积理浅。

希望之法未尽，而本原在先生之如何主
观所谓三才也。惟君怡伯等人，必先去之，乃（前后左右）
有静时之实也。此则视先生一己实谋
者矣。每况愈下，一年文必更进，可兼英文
须学到了[illegible]生[illegible]发展者和等[illegible]也
洋[illegible]年十一年为不知何如，见而自喜之。
学问务勤苦，亦要从其法，在[illegible]
而有恒，趣乃有味。[illegible]继以甘苦。
将来诸书为须为见读一部诗书[illegible]
须常常温习之。七月四日 父示
文稿迟改，亦日内即寄
汗出如浆。许误作将酱，错字切切注意之

原文

怡儿：

函来并文稿俱看过。《曾氏家书》有大字小字两本，可看大字者。其中颇有益于看书、作文、写字、论事、做人之道。看到会意处须圈出，不明瞭处须点出。每日既改早课，则午后时间颇长，可临帖（用银元大方格七都纸，桃丹印，或翰墨林有之）。看《曾氏家书》，并可温《论》《孟》。晚饭后早睡（九时后十时前，不可过，年轻须睡足八时方有精神）。《论》《孟》日温十叶，《家书》看三五首（中篇大者一二，小者六七）。儿之相片，行笥有之。家人平安颇慰。论文气尚畅，笔亦不弱，惟嫌积理浅，布置之法未善，而本原在先，无如何之主观。所谓无道德者，指何等人？必先有之，前后左右乃有击射之处也。此则沈先生①所最讲者。若多从沈一年，文必更进耳。英文须学到与梵王渡书院②毕业者相等，乃可出洋。恐明年一年尚不知何如？儿可勿亟亟。学问要勤苦，亦要从容，其法在渐进而有恒，到得有味时便能以甘偿苦。将来读书，尚须为儿请一良师。农事须常常留意。

七月四日③ 父寄

文稍迟改寄。日内事稍冗。

“汗出如浆”，讯误作“酱”，错字切切注意。

考释

① 沈先生，即沈同芳（？—1917），原名志贤，字幼卿，江苏武进人。光绪二十年甲午（1894）恩科中三甲第68名进士。1912年前后受邀担任张氏家塾经史国文教师。沈在此期间撰《通州张氏家塾经史国文补习科答问》，1912年由中国图书公司出版。张謇与沈同芳系同年进士，交往20多年，在立宪、教育等方面志同道合。

② 梵王渡书院，即圣约翰书院、圣约翰大学，因校址系购得上海极司菲而路（今万航渡路）梵王渡的一处占地13英亩的别墅而得名。

③ 张孝若《南通张季直先生传论》记载，此信写于民国三年（1914）七月。

[illegible]讀中國書太少亦不要緊能補[illegible]

若教員乃中一流人才

明年當為覓一人專為自[illegible][illegible][illegible]

之見也

談[illegible]家易見[illegible][illegible]之[illegible][illegible]之[illegible][illegible]為來

兒[illegible][illegible]實也[illegible][illegible]人亦不可過[illegible][illegible][illegible]

己宜料力及程度孔子曰[illegible][illegible]之於人

如[illegible][illegible][illegible][illegible][illegible][illegible][illegible][illegible][illegible][illegible][illegible]

父字怡兒 七月十四日

原文

黄[①]读中国书太少，亦不尽能讲解，明年当为另觅一人。高尚、自治、活泼，谈何容易？如此教员乃第一流，吾未之见也。儿誉黄之言，父尚未见其事实也。誉人亦不可过，此关自己审判力及语言程度。孔子曰：吾之于人也，谁毁谁誉，如有所誉，其有所试[②]。

父寄怡儿。

七月十五日[③]

考释

① 黄，疑为黄秉淇，广东人，毕业于美国费城纺织染专门学校。辛亥冬，张謇聘之来通。1912年张謇创立纺织染传习所（1913年定名为纺织专门学校），黄秉淇担任教员。

② 语出《论语·卫灵公篇第十五》：吾之于人也，谁毁谁誉？如有所誉者，其有所试矣。意思是：我对于别人，诋毁过谁？赞美过谁？如有所赞美的，必然是经过考验的。

③ 张孝若《南通张季直先生传记》记载，此信写于民国三年（1914）七月。

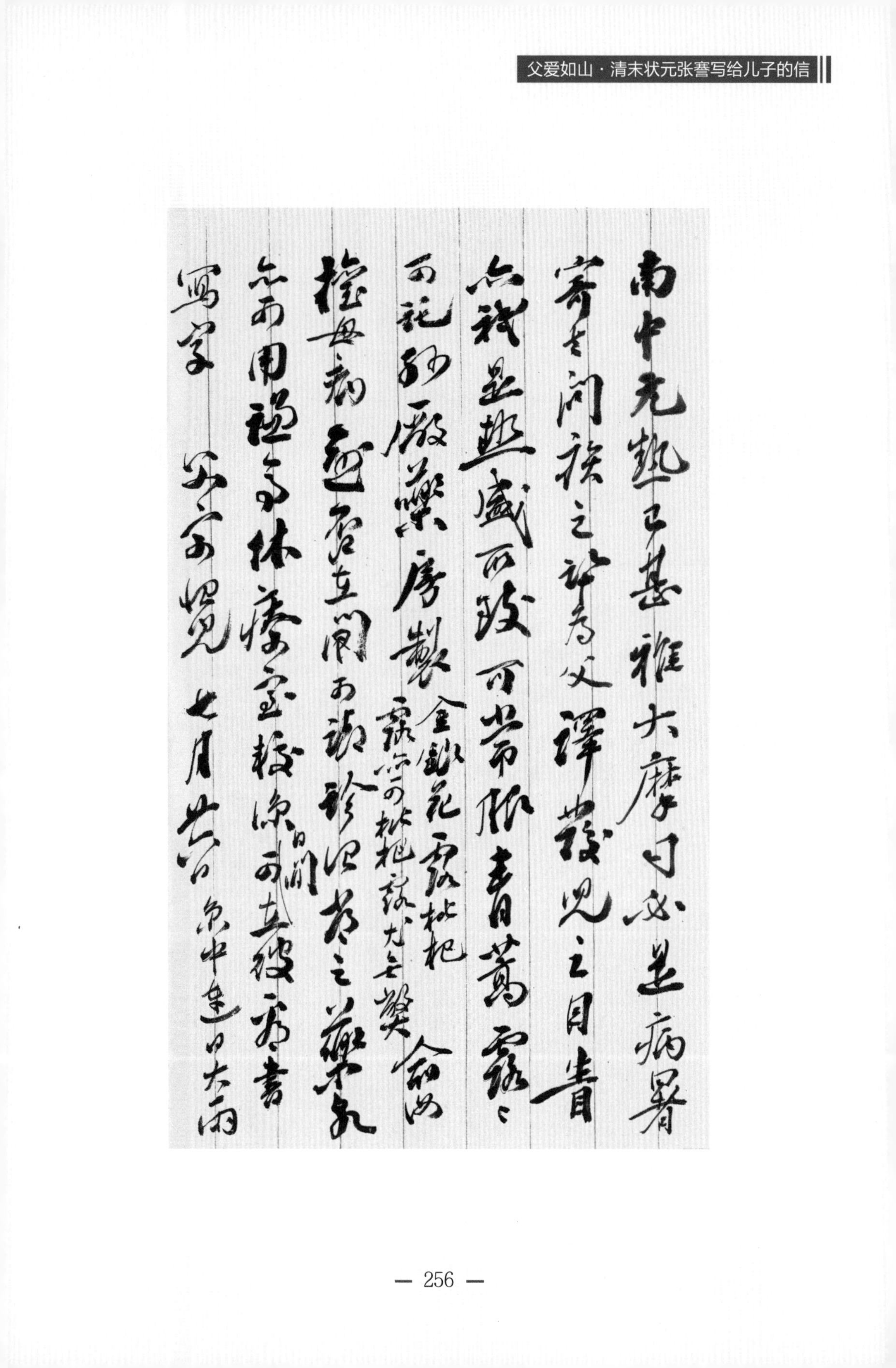

原文

南中亢热已甚，雅大摩司必是病暑，寄去问疾之讯，为父译发。儿之目眚[①]亦只是热盛所致，可常服青蒿露，露可托纱厂药房制（金银花露、枇杷露亦可，枇杷露尤无弊）。俞汝权母病愈否？在闸[②]可请诊治。省之药水亦可用。谦亭休疗室较凉，日间可在彼看书写字。

父寄怡儿。

七月廿六日

京中连日大雨。

考释

① 目眚，指眼睛长白翳。

② 闸，即唐闸，位于南通城西北，大生纱厂、广生油厂等众多大生企业的所在地。

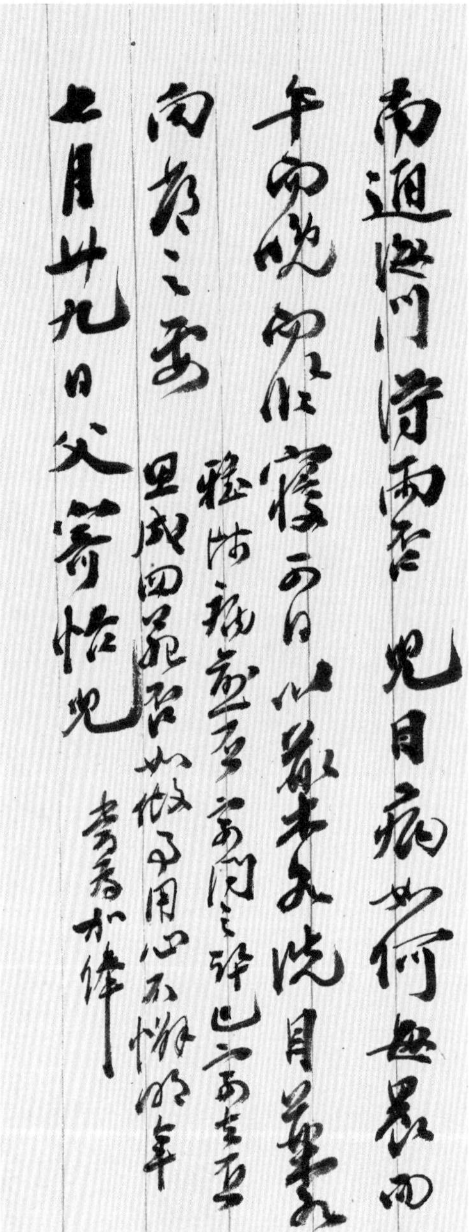

南通 [illegible] 兒目病如何 [illegible]

[illegible]

七月廿九日 父 謇 怡兒

原文

南通、海门得雨否？儿目病如何？每晨而午而晚而临寝，可日以药水洗目，药水向省之要。雅师病愈否？寄问之讯已寄去否？思成回苑否？如做事用心不懈，明年当为加俸。

父寄怡儿。

七月廿九日

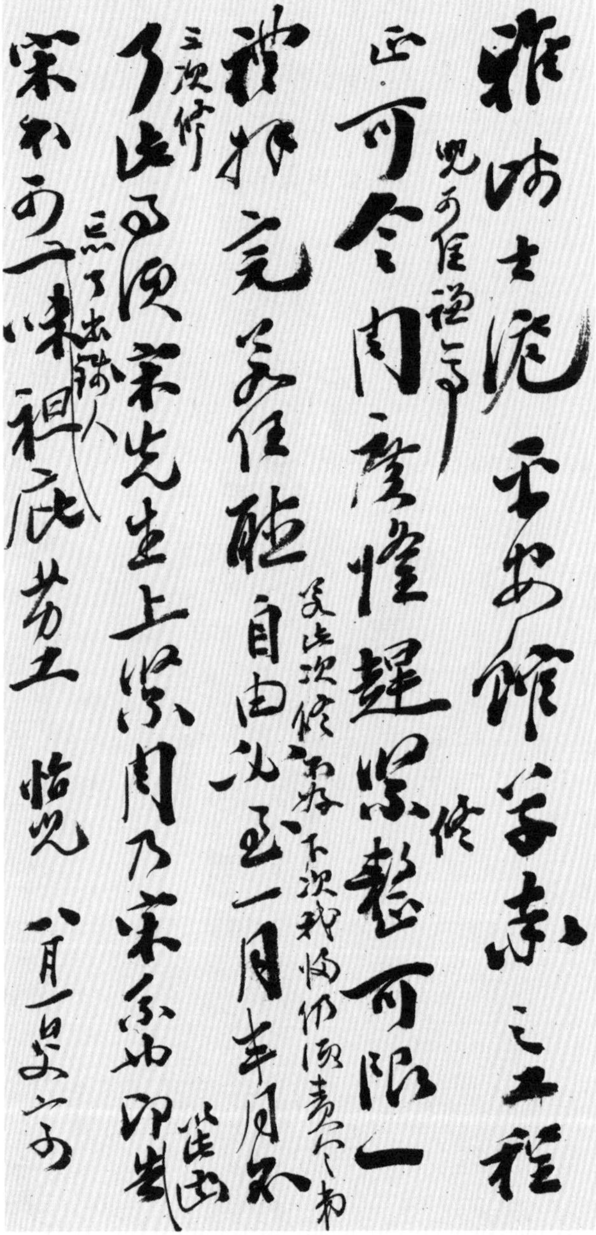

原文

雅师去沪，儿可住谦亭，平安馆尊素之工程正可令周广隆[①]赶紧修整，可限一礼拜完；若任听自由，必至一月半月不了（若此次修不好，下次我归，仍须责令第三次修）。此事须宋先生[②]上紧。周乃宋系也，即以此函告宋。不可忘了出钱人，一味袒庇劣工。怡儿。

八月一日　父寄

考释

① 周广隆，建筑承包商。先后承建通州师范学校、花竹平安馆、濠南别业等建筑工程。

② 宋先生，即宋龙渊。

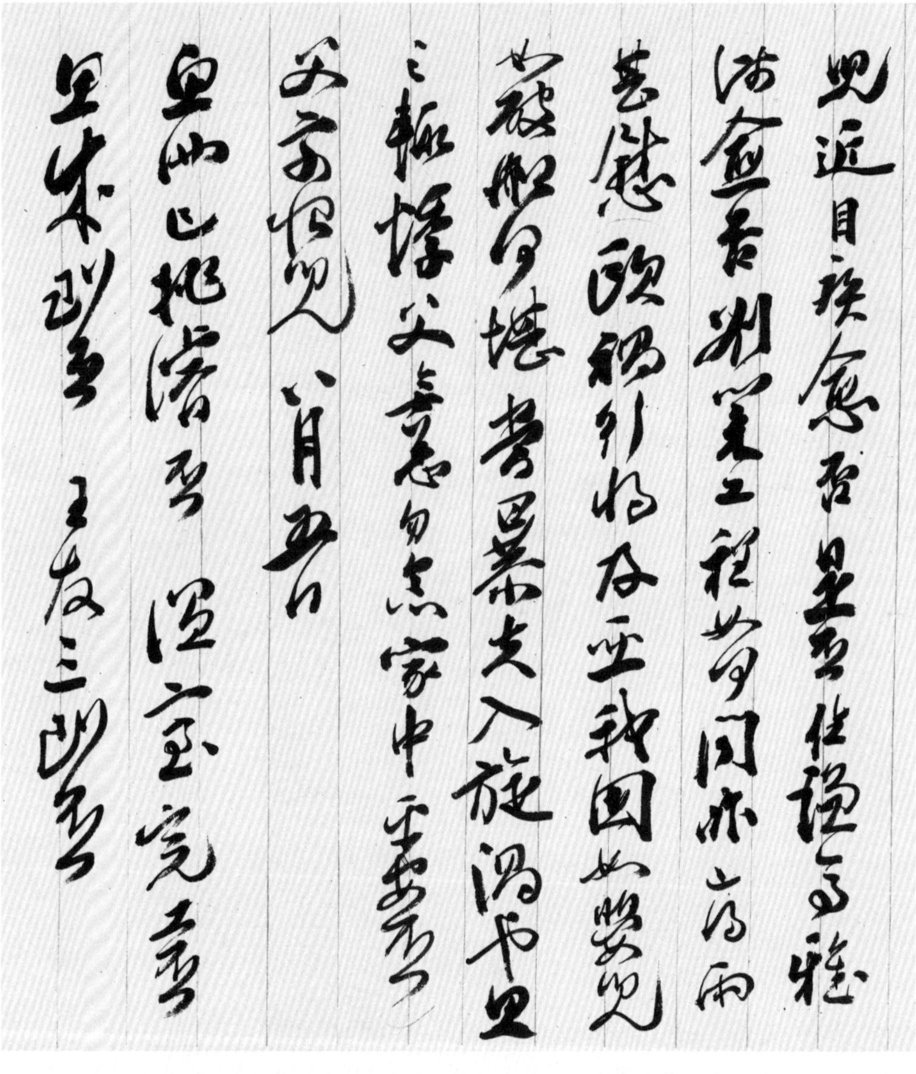

原文

儿近目疾愈否？是否住谦亭？雅师愈否？别业工程如何？闻昨已得雨，甚慰！欧祸行将及亚，我国如婴儿、如破船，何堪当暴夫、入旋涡也？思之辄悸。父无恙，勿念。家中平安否？

父寄怡儿。

八月五日

鱼池已挑濬否？温室完工否？

思成到否？王友三到否？

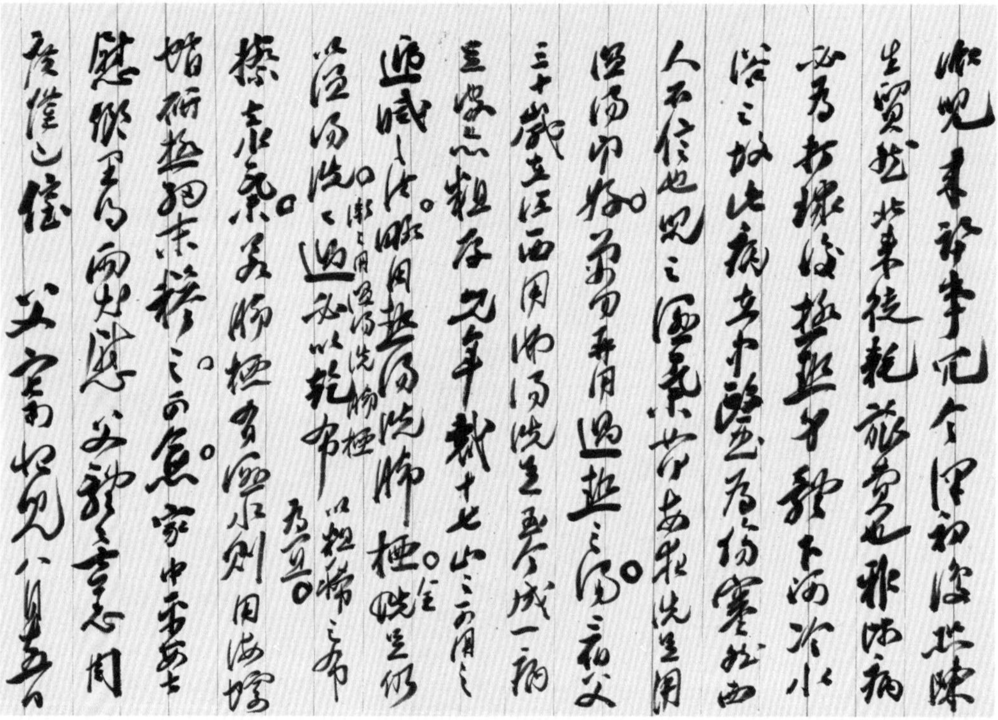

原文

昨儿来讯，事冗令泽初复。恐陈生贸然北来，徒耗旅费也。雅师病必为打球后极热，身体下河冷水浴之故，此病在中医为伤寒，然西人不信也。儿之湿气如何？每夜洗足用温汤即好，万勿再用过热之汤。三伯父三十岁在江西用沸汤洗足，至今成一病足，皮亦粗厚。儿年裁十七，岂可用之。递减之法，略用热汤洗脚桠，全足仍以温汤洗，渐渐用温汤洗脚桠，洗过必以干布（以粗稀之布为宜）擦去水气。若脚桠有湿水，则用海螵蛸研极细末掺之可愈。家中平安甚慰。乡里得雨尤慰。父体无恙。周广隆已催。

父寄怡儿。

八月十五日

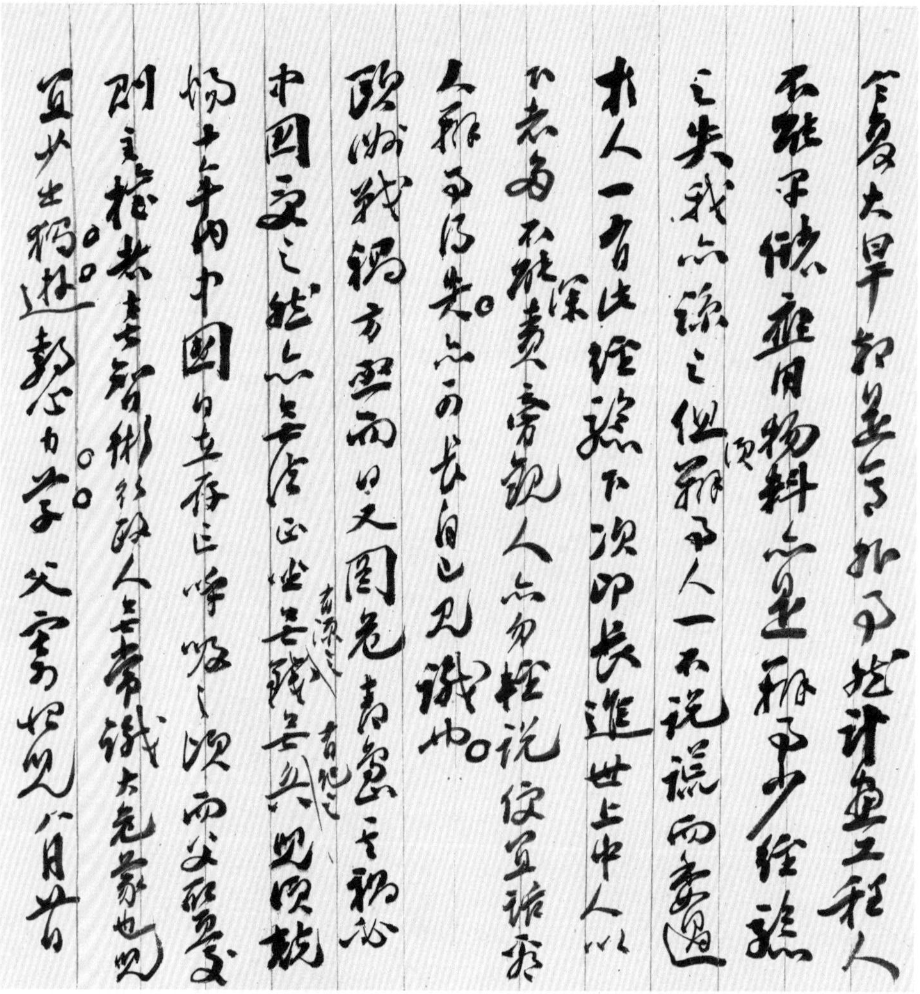

原文

今夏大旱，却是意外事。然计画工程人不能早储应用物料，亦是办事少经验之失，我亦谅之。但须办事人一不说谎而委过于人，一有此经验，下次即长进。世上中人以下者，多不能深责，旁观人亦勿轻说便宜话。看人办事得失，亦可长自己见识也。

欧洲战祸方亟，而日又图危青岛，其祸必中国受之①。然亦无法，正坐无有源之钱，无有纪之兵。儿须兢惕，十年内中国日在存亡呼吸之顷。而父所忧则主权者喜智术，行政人无常识，大危象也。儿宜少出独游，静心力学。

父寄怡儿。

八月廿日

考释

① 第一次世界大战期间，日本为了在东亚扩张势力和侵略中国，以1902年缔结的“英日同盟”为借口，在1914年对德国宣战，并迅速占领德国在中国山东的势力范围。1914年8月18日张謇《柳西草堂日记》中记载：“公府特会。通知日与英约，将攻青岛，中国中立益无可幸。”

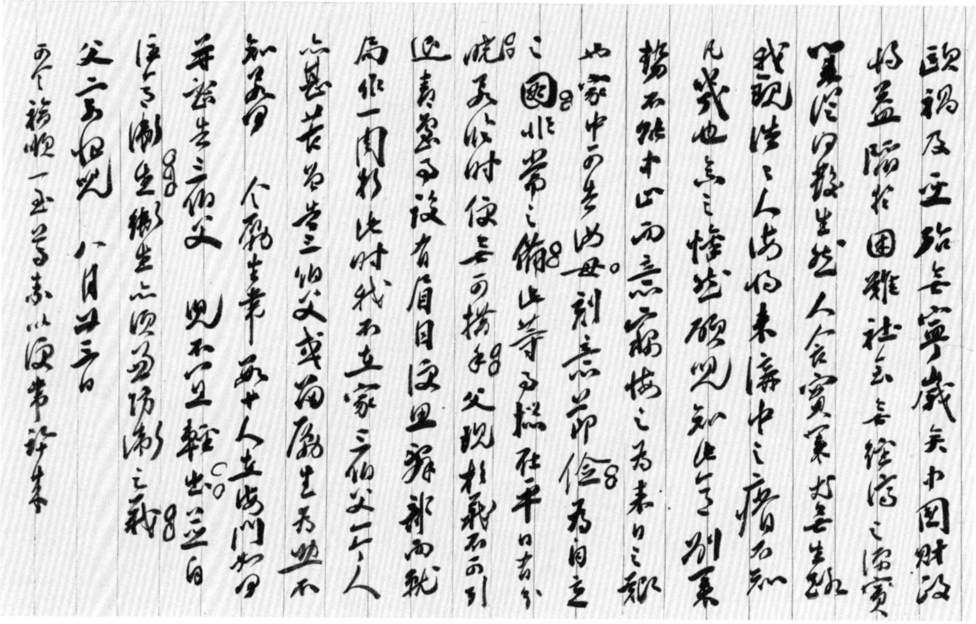

原文

欧祸及亚，殆无宁岁矣。中国财政将益陷于困难。社会无经济之源，实业从何发生？然人舍实业，尤无生路。我观浩浩人海，将来沟中之瘠不知凡几也。念之懔然。愿儿知此意。别业势不能中止，而意窃悔之，为来日之艰也。家中可告汝母，刻意节俭，为自立之图，非常之备。此等事总在平日有分晓，若临时便无可措手。父现于义不可引退。青岛事设有眉目，便思辞部而就局[①]，作一周折。此时我不在家，三伯父一个人亦甚苦，曾告三伯父或留励生[②]为助。不知若何？令励生带数十人在海门如何？并密告三伯父。儿不宜轻出，并自注意卫生，卫生亦须兼防卫之义。

父寄怡儿。

八月廿三日[③]

可令福顺[④]一至尊素，以便带讯来。

考释

① 部，指农商部；局，指全国水利局。

② 励生，疑即黄广介（1884—1923），字励生，江苏海门人，通州师范学校第一次简易科毕业。

③ 张孝若《南通张季直先生传记》记载，此信写于民国三年（1914）八月。

④ 福顺，即周福顺，张謇家仆人。

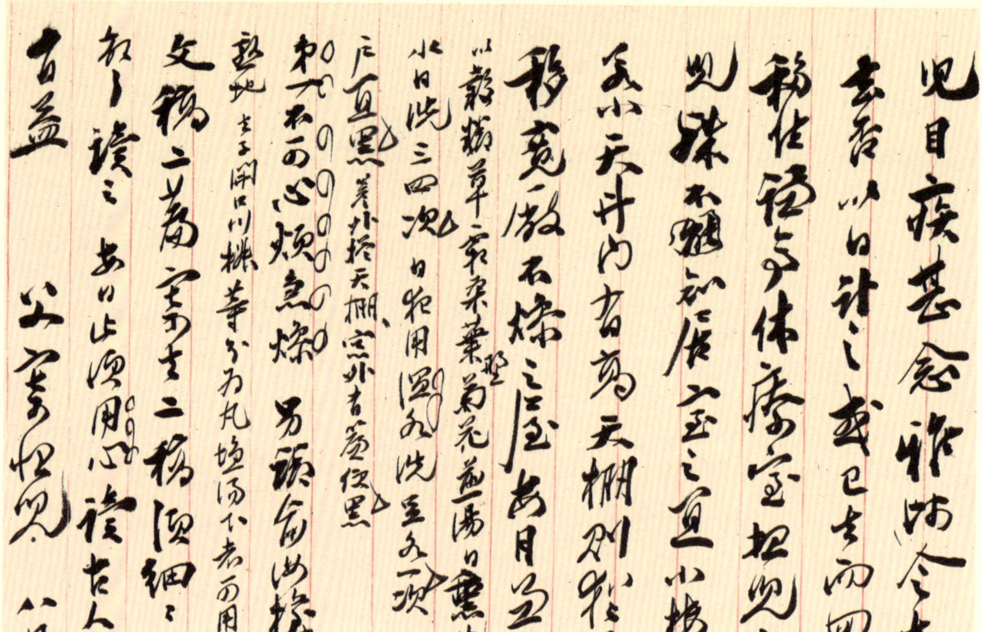

原文

儿目疾甚念。雅师令去沪医，曾去否？以日计之，或已去而回矣。父前令儿移住谦亭休疗室，想儿未移，此等处儿殊不知居室之宜。小楼上亢燥，下则闷，若小天井内有高天棚则犹可，既无棚，便应移宽敞不燥之屋。每日兼用中西法治，中法以谷精草、霜桑叶、野菊花煎汤，日熏洗三四次；西法以硼砂水日洗三四次；日夜用温水洗足各一次。无事闭目静坐，手搓脚心涌泉穴，左右每次一百。窗户宜黑。檐外搭天棚，窗外有帘便黑。

第一不可心烦急燥。另请俞汝权服药（问俞，古方有用生地、熟地、去子开口川椒等分为丸，盐汤下者，可用否？）

文稿二篇寄去。二稿须细细审其层次，低声读之。每日止须用心读古人文一首三五遍，即有益。

父寄怡儿。

八月廿七日

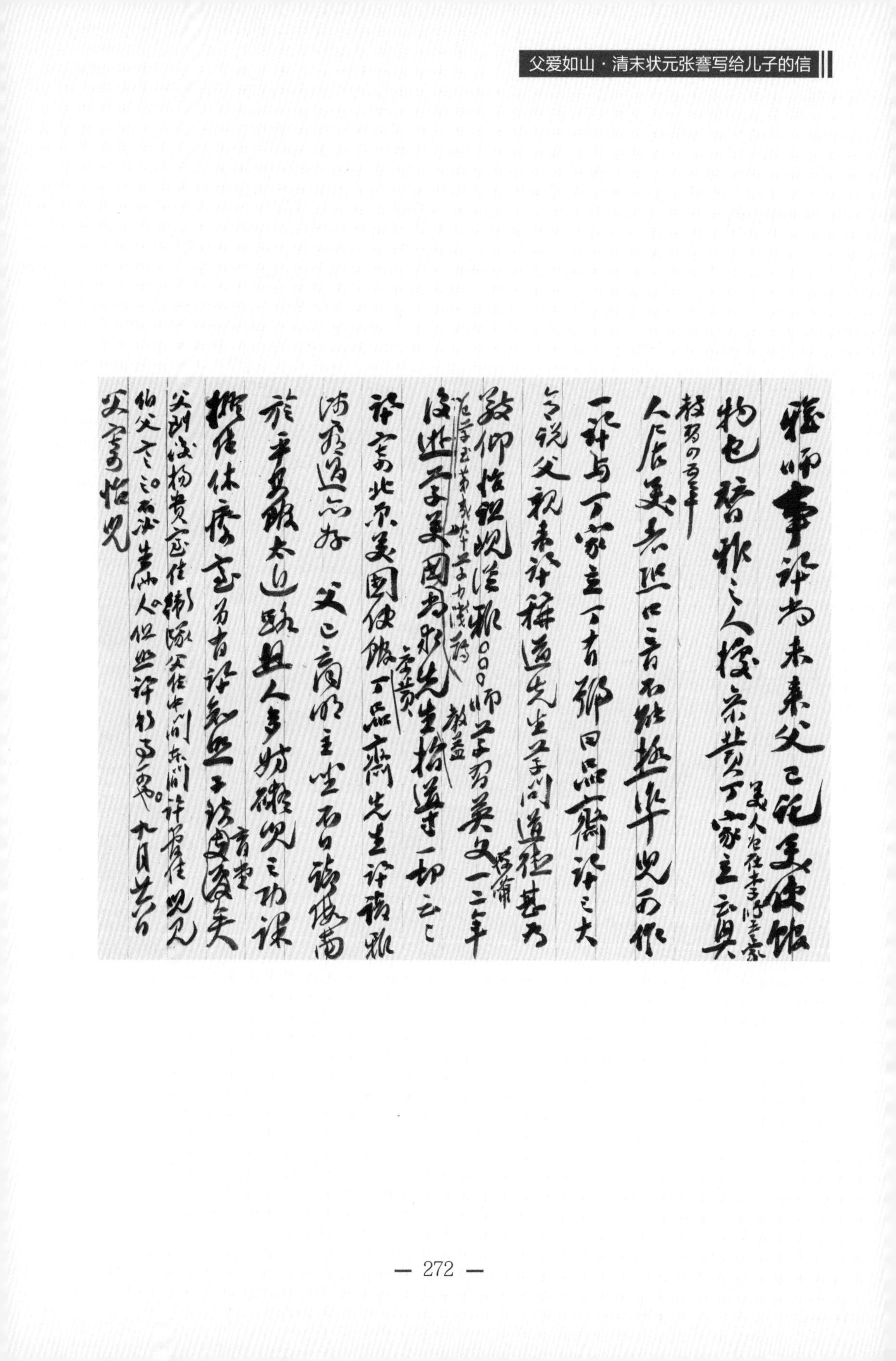

原文

雅师事，讯尚未来。父已托美使馆物色替雅之人，据参赞丁家立（美人，曾在李鸿章家教习四五年）云：奥人居美者，恐口音不能极准。儿可作一讯与丁家立。丁有号曰品斋，讯之大意，说父亲来讯，称道先生学问道德，甚为敬仰。怡祖现从雅○○○师学习英文，豫备一二年后游学美国，已学至第几本，学力浅薄，尚求先生教益指导一切云云。讯寄北京美国使馆参赞丁品斋先生。讯请雅师看过亦好。父已商明主座[①]，不日请假南旋。平安馆太近路，且人多，妨碍儿之功课，拟住休疗室。另有讯知照子鈇、育堂[②]矣。父到后，杨贵室住卫队，父住中间，东间许、管住。儿见伯父言之，不必告他人，但照讯行事可也。

父寄怡儿。

九月廿六日

考释

① 主座，指时任民国总统袁世凯。

② 育堂，即宋立教，字育堂，山西平定人，民国三年（1914）时27岁，通州师范学校第五次本科毕业，南通博物苑庶务。

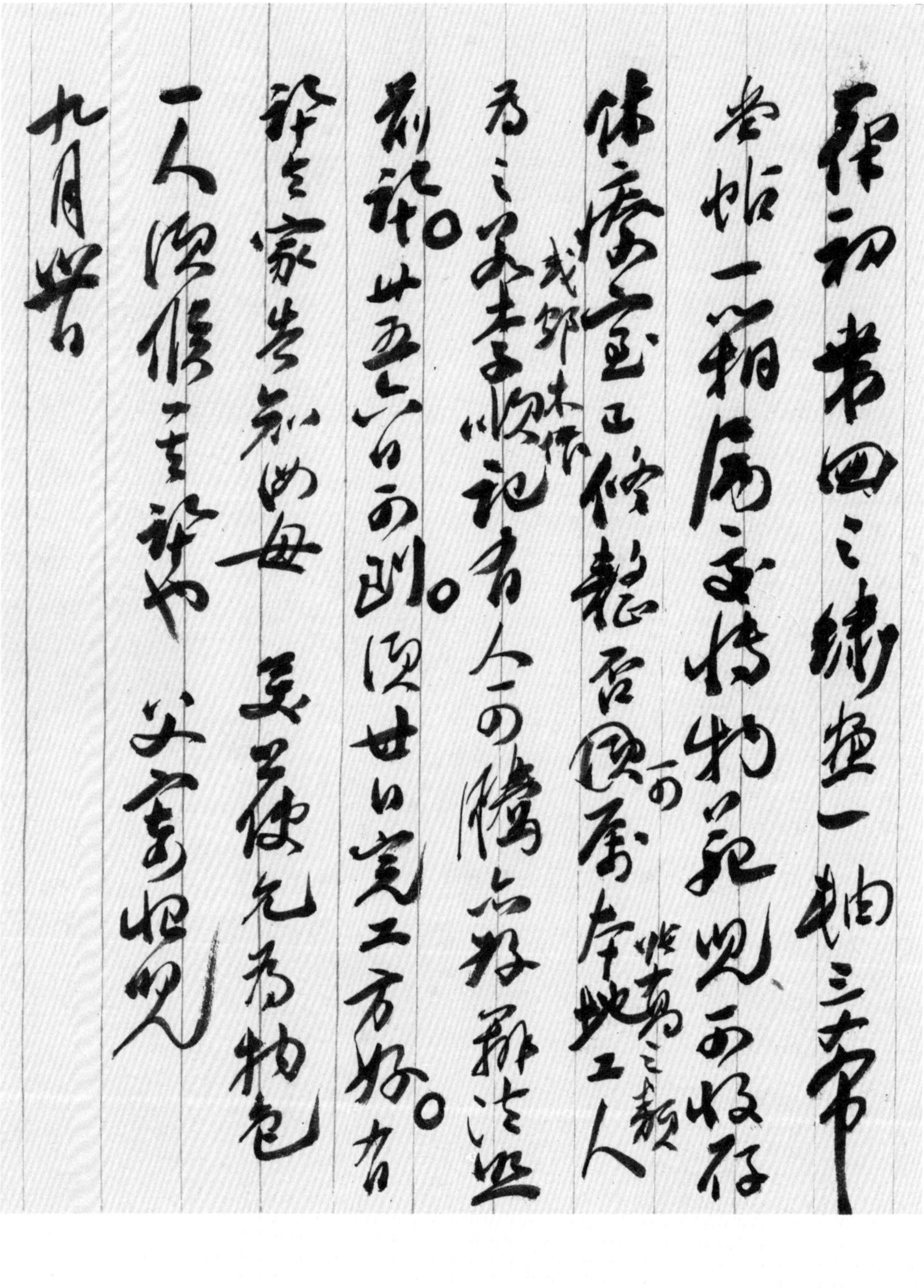

原文

葆初[①]带回之绣画一轴，三希堂帖[②]一箱，属交博物苑，儿可收存。休疗室已修整否？可属本地工人张乔之类为之。若李顺记或邹木作有人可腾亦好。办法照前讯。廿五六日可到，须廿日完工方好。有讯去家，告知汝母。美公使允为物色一人，须候其讯也。

父寄怡儿。

九月卅日

考释

① 葆初，即陈葆初（？—1955），名琛，南通芦泾港人。大生纺织公司股东、董事。南通保坍会、南通大聪电话公司创始人之一。1913年创办《通海新报》（1913—1929），任董事长。1955年9月3日，南通市人民法院依据《中华人民共和国惩治反革命条例》之规定，判决陈葆初死刑立即执行，并没收其全部财产。时年70岁。

② 三希堂，在北京故宫博物院养心殿内。清乾隆皇帝曾将晋王羲之《快雪时晴帖》、王献之《中秋帖》、王恂《伯远帖》收藏于此，故名三希堂。

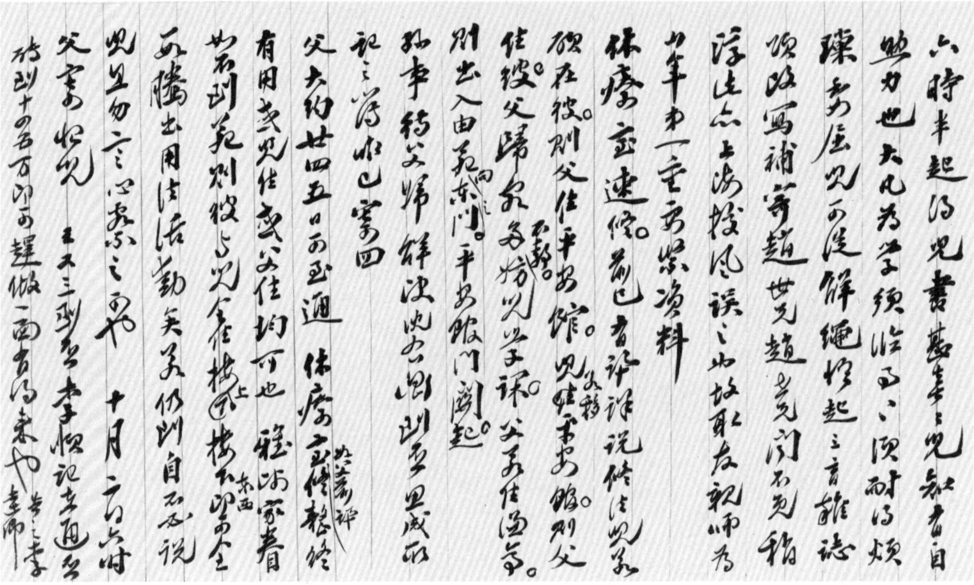

原文

六时半起，得儿书，甚喜。喜儿知有自助力也，大凡为学须临事，临事须耐得烦琐委屈，儿可从解绳悟起。《三育杂志颂》改写，补寄赵世兄。赵世兄闻不免稍浮，此亦上海校风误之也。故取友亲师为少年第一重要紧资料。

休疗室速修，前已有讯详说修法。儿若愿在彼，则父住平安馆，儿若移平安馆，则父住彼。父归，客多不静，妨儿学课。父若住谦亭，则出入由苑向东之门，平安馆门关起。

孙事待父归解决。沈右衡[①]到否？思成所记之簿昨已寄回。

父大约廿四五日可至通，休疗室如父前讯修整终有用，或儿住或父住均可也。雅师家眷如不到苑，则彼与儿全住楼上，楼下东西即可全数腾出，用法活动矣。若仍到，自不必说。儿且勿言，心察之可也。

父寄怡儿。

十月二日六时

王又三到否？李顺记在通否？砖到十四五万即可赶做，一面有得来也。告之李达卿[②]。

考释

① 沈右衡（？—1922），南通女工传习所所长沈寿的胞兄。

② 李顺记，指李顺记建筑行。李达卿，指李顺记建筑行老板。王又三，即王子尊，指南通博物苑员工。

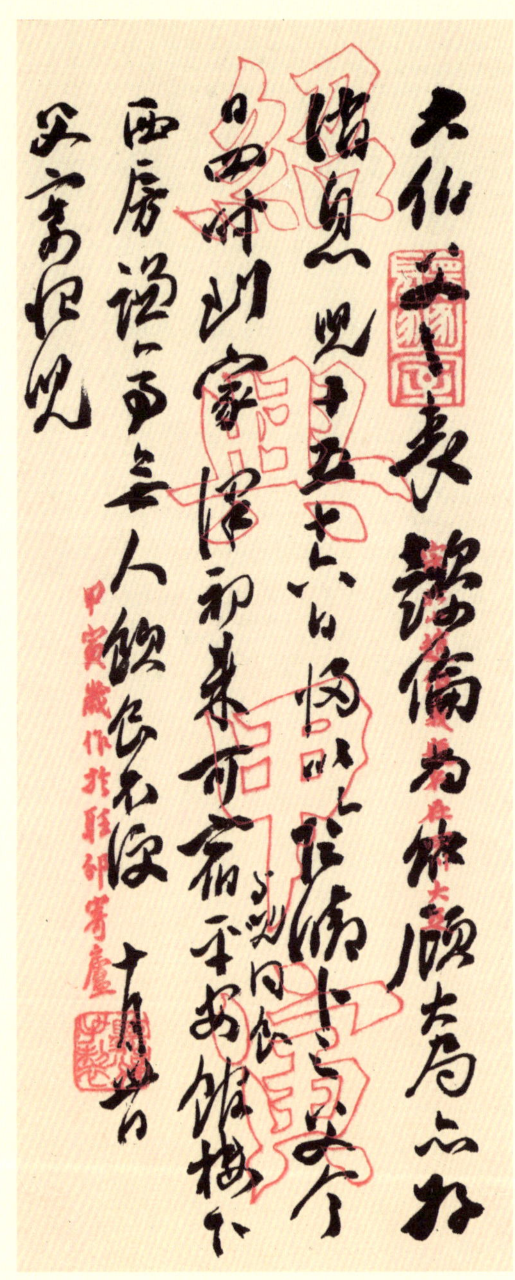

原文

大伯父之丧，懿伦尚能顾大局，亦好消息。儿十五、十六日归，以阴晴卜之。父今日四时到家。泽初来，可宿平安馆楼下西房，与儿同食，谦亭无人，饮食不便。

父寄怡儿。

十月卅日

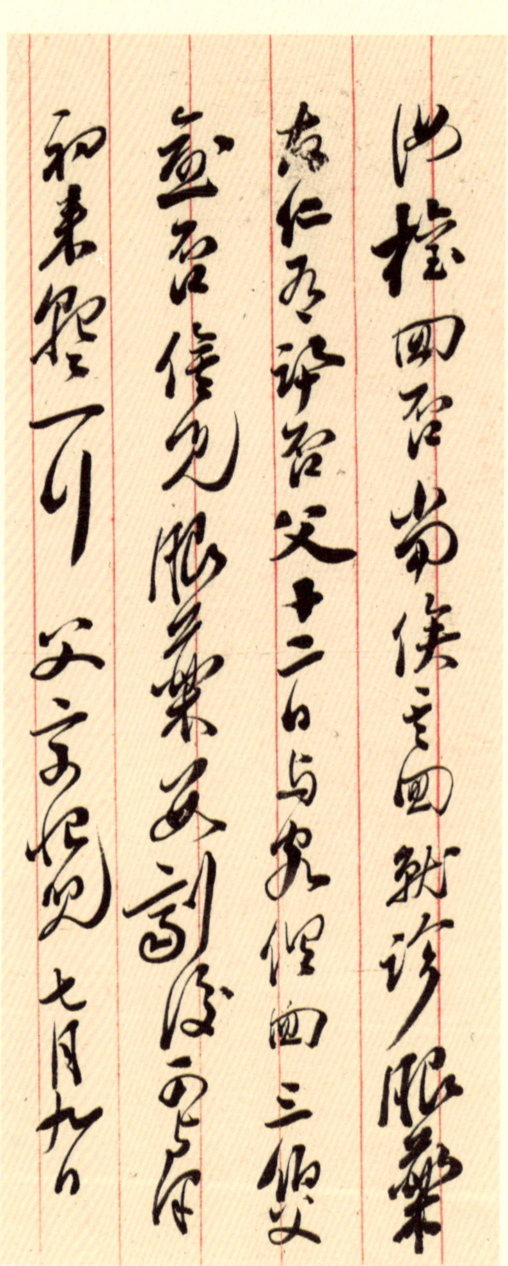

原文

汝权回否？当俟其回就诊服药。友仁[1]有讯否？父十二日与客俱回。三伯父愈否？俟儿服药数剂后，可与泽初来垦一行。

父寄怡儿。

七月九日

考释

① 友仁，疑指茅友仁，广生油厂股东。

张謇与家人在南通濠南别业松竹坛前合影

左起：张柔武、张非武、陈石云、张粲武、张孝若、张謇、张融武、吴道愔、张聪武、张佑祖、张襄祖

后 记

《父爱如山》一书的编著，起因于2016年12月6日的一次思想碰撞。江苏人民出版社编审韩鑫和编辑石路，专程到南通市档案馆组稿，编者在介绍馆藏珍品时，提到南通市档案馆保存有张謇写给儿子张孝若的父训，这引起了两位出版人的极大兴趣。2017年3月9日，韩鑫和石路再次赶到南通市档案馆，与许建华副馆长商议出版事宜，取得共识。南通张謇研究中心与南通市档案馆协商后，决定合作编著。12月5日，石路和美术编辑黄炜将全部父训原件进行扫描。出版社将父训按馆藏顺序排版，编者根据父训电子版进行原文辨识，并剔除了张詧的信件，这项工作由朱江、戴致君、曹炳生、朱慧、陈春华等人共同完成。在此基础上，出版社于2018年4月印出第一版工作样书。考释工作由曹炳生、朱江、朱慧、陈春华、戴致君进行。出版社于12月印出第二版样书。根据韩鑫的意见，朱江撰写了前言。张謇研究中心和南通市档案馆的领导就本书的内容进行了审读，对装帧提出了参考意见。2019

年3月，出版社印出第三版样书。

本书编著过程中，毛华提供了大量参考史料和学术著作，庄安正对考释内容提出了建议并补充了10条考释，白进伟协助查阅了11位人物的相关资料，赵鹏在辨识原文和考释方面提供了帮助，黄为人提供了张謇的印谱，谢国志、张强协助查阅了《张氏宗谱》，杨丽协助查阅了民国时期的图书和报纸，曹晓红、陶莹、黄晓婷、汤道琳提供了父训原件的查阅服务。

为了方便更多读者，本书将父训原文以简体横排，并以考释介绍相关的背景。原信中有不少在现代汉语书写规范里属于错别字的书法字，如第9页信件中“吕宋烟三合”，“合”应为“盒”。本次出版时，为了保留信件的原貌，在“原文”板块中没有改正，特此说明。本书封面“父爱如山”4个字，系集张謇手书而成，由黄为人提供。由于编者资料掌握有限、对张謇的研究不够深入，因此本书难免存在不足之处，请予指正。

编者

2019年3月25日

图书在版编目（CIP）数据

父爱如山：清末状元张謇写给儿子的信 / 南通市档案馆，张謇研究中心编著. -- 南京：江苏人民出版社，2018.12

ISBN 978-7-214-23168-0

Ⅰ. ①父… Ⅱ. ①南… ②张… Ⅲ. ①张謇（1853-1926）- 书信集 Ⅳ. ①K825.46

中国版本图书馆CIP数据核字（2018）第299154号

书　　名	**父爱如山：清末状元张謇写给儿子的信**
编 著 者	南通市档案馆　张謇研究中心
责任编辑	石　路
装帧设计	黄　炜
出版发行	江苏人民出版社
出版社地址	南京市湖南路1号A楼，邮编：210009
出版社网址	http://www.jspph.com
照　　排	江苏凤凰制版有限公司
印　　刷	江苏凤凰通达印刷有限公司
开　　本	718 毫米×1000 毫米 1/16
印　　张	18.5
字　　数	150千字
版　　次	2019年5月第1版　2021年1月第2次印刷
标准书号	ISBN 978-7-214-23168-0
定　　价	49.50元

（江苏人民出版社图书凡印装错误可向承印厂调换）